LES

EMBELLISSEMENTS

D'AIX

ET LE COURS SAINT-LOUIS

IL Y A DEUX SIÈCLES

PAR CHARLES DE RIBBE

AIX

ACHILLE MAKAIRE, LIBRAIRE-ÉDITEUR

Rue Pont-Moreau, 2

1861

Ce travail a été imprimé à 306 exemplaires.

300 papier carré ordinaire.
  2   — bleu d'eau.
  2   — brique.
  2   — rose.

Aix, imprimerie ILLY, rue du Collége, 20.

LES

EMBELLISSEMENTS

D'AIX

ET LE COURS SAINT - LOUIS

IL Y A DEUX SIÈCLES

Les embellissements dont l'administration municipale a pris l'initiative dans notre ville et qui en transformeront bientôt la physionomie aux abords de la gare du chemin de fer, nous fournissent l'occasion de grouper en une rapide esquisse et sur d'anciens travaux de même nature quelques détails qui ne seront pas peut-être dénués d'intérêt.

Nous les consignons ici sans leur attribuer plus de valeur qu'ils n'en méritent. On y trouvera certains traits de mœurs qui n'ont pas cessé de caractériser nos mœurs locales, et notamment un état de législation relatif au droit de construire près des villes, dont les effets ont été longtemps visibles dans l'aspect extérieur de nos cités.

Cette législation a conservé longtemps quelques-unes de nos plus belles promenades. Nous voulons à ce sujet montrer comment et dans quelles circonstances elles ont été successivement créées. Nous nous occuperons surtout, parmi elles, du grand Cours et du Cours St-Louis établis et plantés il y a environ deux siècles, comme dans deux siècles aussi les esprits curieux et les futurs antiquaires disserteront sur les renouvellements de plantations opérés en 1860 aux allées de Marseille, sur la fontaine de la Rotonde et les autres embellissements effectués ou préparés sous nos yeux. Le Cours Saint-Louis a subi bien des changements depuis plusieurs années. — Déjà, en 1839, on y avait substitué des platanes aux troncs primitifs et découronnés des ormeaux et des trembles. Le legs d'un bon patriote, M. Rambot, en dotant Aix d'un jardin public, rendra, espérons-le, quelque attrait à cette promenade chère aux méditatifs et aux philosophes, si les constructions qui s'y agglomèrent n'achèvent pas de l'encaisser.

Le Cours St-Louis a eu son histoire, ses vicissitudes; il a été le sujet d'un ardent débat et de luttes très-passionnées entre des intérêts rivaux qui n'ont, pour notre malheur, plus de chance de se reproduire, du moins jusqu'à ce que le canal du Verdon triomphant de tous les obstacles vienne rajeunir l'ancienne capitale du Pays de Provence et ouvrir de nouvelles perspectives de fortune aux propriétaires de terrains à bâtir.

Ce sont ces luttes qu'il nous faut raconter, après avoir jeté un coup d'œil sur la situation et les transformations de la ville, au milieu du xvii⁰ siècle. Elles nous permettront d'étudier l'importante question des agrandissements d'Aix.

I.

Une ville qui s'agrandit et ajoute ainsi à ses charges ne le fait pas d'ordinaire sans motifs ; elle y est contrainte par l'insuffisance ou l'insalubrité de ses vieux quartiers, les progrès et la richesse de sa population, les exigences industrielles. Là comme ailleurs, il est difficile de ne pas céder plus ou moins au courant des idées et des mœurs, et, nous devons encore le

constater, à l'empire de la mode. Ce sont
autant de causes par lesquelles s'explique et
se développe cette passion de bâtir, qui s'em-
pare à certains moments des sociétés. Passion
ruineuse ! on le sait bien ; elle constitue le
luxe distinctif des aristocraties ou des démo-
craties industrielles et commerçantes, et ne
s'accorde guère avec la médiocrité d'une situation bornée.

Aix n'a cessé de s'agrandir à diverses époques assez rapprochées les unes des autres.
Tous ceux qui connaissent le *Plan géométral*
d'Aix gravé en 1753 par H. Coussin, qui y ont
comparé l'espace occupé alors par la ville et
celui dans lequel elle se resserrait en 1468,
peuvent juger de sa marche ascendante. En
1583, 1605, 1646, en moins de soixante-dix
ans, elle élargit démesurément son enceinte ;
elle double le nombre de ses hôtels. Doubla-
t-elle le nombre de ses habitants ? voilà la
question délicate. Nous croyons l'avoir résolue,
quand nous avons prouvé qu'à son plus haut
degré de prospérité matérielle, en 1790, Aix
comptait dans ses murs et dans tout son terroir
28,448 âmes (1), et cette année 1790 est pré-

(1) *Un journal et un journaliste à Aix avant la révolution ;* Aix
1859. — Appendice sur l'état de la population d'Aix avant et
après 1789.

cisément celle où la révolution, détruisant sa
suprématie politique et administrative, ne lui
laissa que sa grandeur monumentale, c'est-à-
dire les dehors d'une magnificence d'apparat
sans les éléments qui seuls pouvaient la soutenir.

Arrêtons-nous à l'époque qui précède l'agrandissement de 1646. Les beaux quartiers cou-
pés par les rues St-Louis, de la Charretterie,
du Collége, du Grand-Boulevard, de la Mule-
Noire (1), ceux de Villeverte situés à l'entrée
de la ville, près de la porte et de la place des
Augustins, existaient déjà, et il ne semblait pas
nécessaire de leur en adjoindre de nouveaux. A
quels besoins un luxe indéfini de bâtisses eût-il
répondu? La population était-elle trop à l'é-
troit dans son enceinte? Cette population ac-
tive pour laquelle le mouvement est une condition de travail, qui, sur un espace limité,

Avant le dénombrement de 1790 ordonné par l'Assemblée
Constituante, on ne portait pas la population d'Aix au-dessus de
25,000 âmes. On parut même très-surpris, lorsqu'on eût constaté qu'elle s'élevait au chiffre de 28,000. On sait qu'elle est
aujourd'hui de 26,136, d'après le dernier recensement de 1856.

(1) Ces quartiers créés en 1583 reçurent d'abord la qualifica-
tion de Ville-Neuve. Ils furent construits, dit M. ROUX-Alpheran, sous la direction de Jean de Paris, habile ingénieur
et architecte.

Quant à ceux de Villeverte qui datent de 1605, ils doivent
leur nom à une vaste prairie possédée alors par la famille
Bonfils. — *Les Rues d'Aix*, t. II, p. 3-113.

s'agite, bourdonne, semble communiquer à toutes choses un peu de sa force expansive, cette population n'a jamais été très-nombreuse à Aix ; elle se concentrait alors dans les anciennes rues que nous appellerons volontiers des rues historiques, où les bonnes et affectueuses relations entre les classes naissaient des rapports de voisinage, où se perpétuaient les souvenirs d'origine et le culte de ces souvenirs. Était-il donc urgent de la disperser ou de l'isoler ?

Lorsque, à la suite de transformations qui ont modifié non seulement l'aspect des lieux, mais le fond même des habitudes et des mœurs domestiques, notre curiosité veut saisir la physionomie d'Aix, avant la plus brillante phase de son existence, nous avons sous les yeux le triste, le trop probant témoignage de la vanité des choses humaines. Si nous en exceptons les quartiers marchands qui parurent au président de Brosses « bien peuplés et assez commerçants (1), » que dirons-nous des autres ? Qu'a de commun la vie avec la mort ? La vie s'en est allée ; elle s'est éteinte là où elle fut jadis si bruyante ; et la misère a aujourd'hui le privilége d'occuper, sans savoir ce qu'ils furent,

(1) *Lettres du président de Brosses*, t. I, p. 26, (édition Didier). — Lettre écrite de Marseille le 15 juin 1739.

les vastes palais en ruine de nobles familles depuis longtemps oubliées.

Il serait superflu d'aborder les détails et de
faire des énumérations. Les *Rues d'Aix* de
M. Roux-Alpheran à la main, chacun peut
entreprendre à loisir cet instructif pélerinage.
Se douterait-on par exemple que la rue Rifle-
Rafle a été luxueusement habitée par plusieurs
générations de gentilshommes! Croirait-on que
la rue de la Verrerie dans laquelle notre indifférence laisse détruire un des plus curieux
échantillons du luxe des appartements au xvii^e
siècle (1), que la rue Venel avec son non
moins curieux hôtel illustré par le facétieux
conseiller de Venel, que les rues du Bon-Pas-
teur et de Magnan etc., ont été le séjour d'une
puissante et riche aristocratie!

Et la place des Prêcheurs! Elle n'a pas été
toujours, non plus, telle que nous la connais-
sons; asile de la paix et du silence, lieu de
passage pour les magistrats et les avocats, de
marché à certains moments pour les gens de

____

(1) « C'est, dit M. Roux-Alpheran, une chambre à coucher
dont les murs et le plafond sont recouverts en entier de
peintures, de glaces, de dorures etc. Les peintures sont
en grande partie de Daret. » — *Les Rues d'Aix*, t. 1, p. 199.
Cet appartement fut ainsi orné avec le plus grand luxe pour
Lucrèce de Forbin-Soliès, appelée à cause de sa beauté
la *Belle du Canet*, par Louis de Vendôme, duc de Mercœur,
gouverneur de Provence.

campagne, où l'aigle de la monumentale fontaine créée en 1760-61 et œuvre du ciseau de
Chastel porte seule, non loin du palais de justice, l'image des grandes ambitions. Les grandes ambitions, les plus ardentes passions, au
temps où il y avait un patriotisme local, ont
eu là leur théâtre (1), et, ce qui achèvera de
caractériser la différence des mœurs, le même
endroit sur lequel se dressait l'instrument d'hor-
ribles supplices, l'échafaud (2), a été pendant
des siècles le rendez-vous du monde élégant.
Lisez les anciens historiens d'Aix ; entendez le
langage naïf dans lequel s'épanche leur enthousiasme. — La place des Prêcheurs, d'après de
Haitze (3), est « une des plus fameuses de la
ville. » L'assesseur Martelli, s'adressant aux citoyens assemblés lors de la peste de 1629, parle

(1) Avant de devenir un des endroits les plus fréquentés
de la ville, la place des Prêcheurs ne fut longtemps pour
la partie située en face de l'église des Dominicains ou des
Frères Prêcheurs, qu'un cimetière entouré de murailles.
Plus anciennement tout cet espace et les environs compo-
saient le parc du prince ou du Palais, et pour ce sujet
on l'appelait vulgairement *la prairie du Comte.* » — *Aix
ancienne et moderne*, ouvrage manuscrit de P. J. de Haitze'
chap. VII.

(2) Il était là permanent et bâti en pierres de taille. Il figure sur plusieurs plans de la ville d'Aix et notamment sur
celui qui fut gravé en 1622 par Jacques Maretz.— V. *les Exé-
cutions capitales à Aix* etc. ; extrait de l'*Echo des Bouches-
du-Rhône*, 1860.

(3) *Aix ancienne et moderne.*

de cette place « maintenant si hideuse par sa
solitude, ayant perdu le lustre qui la rendoit un
des plus beaux objets de France. » — « C'est là,
écrit M. d'Hesmivy de Moissac (1), froid narrateur de tant de chaudes affaires entre le Parlement et le gouverneur, c'est là que se termi-
nent toutes les tragédies, » c'est-à-dire, toutes
les émeutes. Sur la place des Prêcheurs et au
début des compromettants exploits des *Cascaveoux*, on brûla en effigie le surintendant
d'Effiat, le carrosse de l'intendant d'Aubray ; et
un demi siècle après, pour célébrer le réta-
blissement de la santé de Louis XIV, on dressait des tables « bien garnies » auxquelles s'as-
seyaient les artisans de la ville, en même temps
qu'on faisait couler « des fontaines d'excellent
vin tout le jour avec abondance (2). » Sur la
place des Prêcheurs, on pendait ou l'on rouait
les criminels, le Parlement allumait les tradition-
nels feux de la St-Jean et voyait défiler aux
flambeaux la bravade, les régiments en garnison
à Aix faisaient l'exercice, les jeunes gentilshommes se livraient devant les dames à des tour-

(1) *Histoire manuscrite du Parlement de Provence, depuis son
institution jusqu'à la mort du roi Louis XIV.*

(2) *Relation des réjouissances faites à l'occasion de la cérémonie
du Te Deum chanté dans le Palais, en action de grâces du rétablis-
sement de la santé du Roi.* — Aix, chez Charles David, rue du
Collège, à l'enseigne du roi David, 1687.

nois et courses de bagues (1), les comédiens
ambulants débitaient leurs farces et vendaient
leurs drogues (2), enfin les masques en carna-
val s'amusaient à jeter des pincées de son aux
yeux des promeneurs (3).

Les consuls demandent en 1643 au Parlement qu'on y abatte l'échafaud, « object désagréable et de mauvaise rencontre à toutes sortes
de personnes (4). » Ils célèbrent la beauté de la
place des Prêcheurs avec les mêmes accents de
lyrisme. « Elle est le principal ornement de
ceste ville, disent-ils; les grands seigneurs,
barons, comtes, marquis, et mesmes les princes
qui font quelque séjour à Aix, qui ont esté et

(1) *Mémoires de Jacques de Gaufridi.* — Manuscrit (année 1631)

(2) *Arrêt du Parlement de Provence, du 10 décembre 1632.* —
Il était défendu « à ceux qui vendaient des huiles à la place
des Prêcheurs de monter sur le théâtre les jours de fête et
dimanches , et les autres jours d'y faire monter aucune
femme. »

(3) Ce genre de plaisirs carnavalesques fut sévèrement in-
terdit par le Parlement; mais il faut citer les termes mêmes
de l'arrêt rendu le 19 janvier 1634 : — « La Cour provoyant sur
la requisition verbale faicte par le procureur général du Roy,
a faict et faict inhibition et deffances à toutes personnes de
quelque estat, qualité et condition qu'elles soient, de se jetter
les uns contre les autres aucun son ou rasset, sarrillon, cendres
ou autres poussières, à peyne quand aux nobles de 300 liv. d'a-
mende, aux roturiers de trois traits de corde... » Les huissiers
et sergents qui ne saisiraient pas les contrevenants étaient
menacés de la suspension de leurs charges.

(4) *Arrêt de la Cour rendu à la requête de messieurs les Consuls
et communauté de cette ville d'Aix* (6 juillet 1643).

seront gouverneurs , ont accoustumé d'y faire
leurs promenades.. ; les principaux cytoyens
et habitants s'y treuvent et rancontrent une
foys de jour. » Aussi, les consuls, en sollicitant
la destruction de l'échafaud, annoncent-ils leur
intention de construire « une belle fontaine, ce
qui seroit agréable à la veüe et utile au public,
de mesmes aux voisins d'icelle, qu'autre rep-
paration qui puisse y estre faicte (1). »

Tels sont quelques-uns des traits de la physionomie de la ville avant l'agrandissement de
1646. La vie publique et la vie sociale, la con-
versation en plein air et les longs entretiens qui
sont un des meilleurs plaisirs de la promenade,
tout cela se concentre à la place des Prêcheurs.
En 1646, on voulut davantage. Une impulsion
générale vers les idées de splendeur préludait
aux prodigalités du grand roi et du grand siècle.
Il y avait à Aix un archevêque, Michel Mazarin,
italien par les goûts, frère de l'héritier politique
du cardinal de Richelieu dont il partageait l'esprit d'entreprise, et une noblesse féodale et
parlementaire jalouse de rivaliser avec celle des
autres chefs-lieux de gouvernement. Un nouvel
agrandissement fut donc résolu et bientôt auto-

(1) L'enlèvement de l'échafaud fut ajourné, on ne sait par
quels motifs, et n'eut lieu qu'en 1775. Il fut de même pour
l'exécution du projet de fontaine.

risé. Des lettres-patentes (janvier 1646) per-
mirent à Michel Mazarin de faire enclore dans
la ville le faubourg St-Jean, le jardin et les prés
de l'Archevêché (autrefois le jardin du roi Réné),
et lui donnèrent à titre de gratification les anciennes murailles, les fossés, les places, les lices
intérieure et extérieure (1).

Des incidents singuliers se produisirent. On
avait eu d'abord le projet d'établir, sur la ligne
méridionale du Cours actuel, là où étaient les
remparts, une simple rue qui devait s'appeler
rue de l'Archevêché. Un plan avait été dressé,
des places à bâtir avaient été achetées, des maisons même avaient été construites. Tout d'un
coup, la pensée est émise de substituer à la rue
un grand *Cours* pour servir de promenade. Les
têtes s'échauffent, les intérêts se divisent. Les
acquéreurs de terrains sur la ligne du midi et
surtout ceux qui ont commencé à construire
résistent ; ceux de la ligne du nord ayant en
perspective un beau soleil réclament à cor et à
cri la prompte exécution de la promenade ; ils

(1) Michel Mazarin mit la première pierre au nouvel agrandissement le 10 août 1647. Il demeura peu de temps à Aix,
fut chargé en 1648 de la vice-royauté en Catalogne, et mourut
à Rome le 2 septembre 1648, âgé à peine de 41 ans.

Un Allemand établi à Aix, Jean-Henri d'Hervart, avait acheté
dès la fin de 1646 les droits concedés à Mazarin, moyennant
45,000 livres. M. Roux-Alphéran dit avec raison qu'il fut le
véritable auteur de l'agrandissement.

vont même, le chevalier de Margalet en tête (1),
jusqu'à démolir par voie de fait quelques-unes
des maisons déjà élevées. « On en serait venu
aux mains pour cela, dit de Haitze (2), si le
Parlement n'y eût interposé son autorité. »
Par deux arrêts des 1er décembre 1649 et 26
mai 1651, il décida qu'il serait fait, au lieu de
la rue, un *Cours* à carrosses. Un troisième arrêt
rendu le 28 juin 1658 défendit d'en changer
la destination, pour quelque cause que ce fût.
Les registres des délibérations municipales et
M. Roux-Alphéran nous apprennent que la
dépense fut de 100,000 livres, et que cette
somme fut payée soit par les taxes imposées sur
les maisons voisines, soit par les places du sol
de l'alignement.

Des hôtels ne tardèrent pas à s'élever sur la
ligne méridionale et le prolongement de l'église
des Carmélites. Nos pères, en semblable occur-
rence, se montraient moins impatients que nous.
La pensée de l'avenir les occupait autant et

(1) Ce chevalier de Margalet ou sa famille devaient être très-
intéressés dans la question ; car ils possédaient au haut du
Cours actuel, là où ont été pendant de longues années l'imprimerie et le cabinet de lecture de M. Aubin, un moulin à eau
avec écluse. L'hôtel qui a remplacé le moulin ne fut cependant
construit, d'après M. Roux-Alphéran (*les Rues d'Aix*, t. ii, p. 170),
qu'au commencement du xviiime siècle par Henri Gautier, seigneur du Poët.

(2) *Histoire manuscrite d'Aix*, livre xviii, § lvi.

plus que leur intérêt actuel, immédiat, de jouissance ; ils bâtissaient pour des siècles et nous
en avons sous les yeux les preuves. Cependant,
l'émulation et l'activité donnée aux travaux opé-
rèrent cette fois des prodiges. Douze ou quatorze ans suffirent à l'entier achèvement de
constructions opulentes que tous les arts con-
coururent à embellir. Ajoutons que la noblesse
ne suivit pas seule l'élan général, qu'elle fut
imitée et même devancée par la bourgeoisie.
Plusieurs hôtels où notre imagination distribue,
comme il lui plaît, les souvenirs d'origine aristocratique, furent l'œuvre de bourgeois, de
négociants et de marchands enrichis (1), d'avocats et de procureurs. Tous à l'envi semblèrent
vouloir chercher là, près de la ville et dans de
grands jardins, l'air, la lumière, le soleil, les
plaisirs et la paix des champs. Aix, selon une
expression qu'on lui a appliquée depuis non sans
quelque méchanceté, prit le philosophique parti
de se retirer à la campagne. Ne soyons pas éton-
nés si les mêmes lieux, après de tristes vicissitudes, ont conservé leur ancien caractère.
L'herbe y poussait alors ; elle y pousse aujour-
d'hui. Ces rustiques tapis de verdure, objets de

____

(1) Ainsi, les deux maisons, avant d'arriver à la rue de la
Monnaie, furent bâties par Louis Perrin et Prosper Gassendi,
riches marchands.

plaisanteries qui n'ont plus le mérite de la nouveauté, font très-sérieusement partie de notre
héritage archéologique ; et notre grand Cours
demeure toujours, sauf quelques changements
dont il sera parlé, ce qu'il était, lorsque Lefranc
de Pompignan (1) en traçait la description fidèle
et pittoresque :

> Quelques arbres inégaux,
> Force bancs, quatre fontaines,
> Décorent ce long enclos,
> Où gens qui ne sont points sots
> De nouvelles incertaines
> Vont amuser leur repos.

Tant de magnificences architecturales nous
font éprouver aujourd'hui un légitime orgueil ;
elles ne pouvaient manquer tout d'abord de
jeter la perturbation dans beaucoup de for-
tunes ? Comment furent-elles accueillies ? Avec
quelle résignation forcée de malheureux propriétaires contemplèrent-ils cette ville qui sur-
gissait, fière et glorieuse, près de l'ancienne, et
allait dépeupler les quartiers moins attrayants
du bourg St-Sauveur et de la ville Comtale ?
Un grave et véridique témoin nous le dira
bientôt. Les administrateurs, mus par un esprit
de stricte économie, ne négligèrent rien pour

(1) *Voyage de Languedoc et de Provence.*

2

exonérer le trésor communal de la part contri-
butive à laquelle on voulut les soumettre ; et
ce fut, contraints et forcés, qu'ils payèrent un
cinquième de la dépense abonné en 1660 à
15,000 livres (1). L'alignement subit de longs
délais (2). En 1661, on n'avait pas encore nivelé les terrains, ce qui causait des inondations
en temps de pluie. Les consuls s'en plaignirent
et un arrêt du 14 janvier 1661 obligea les syndics du Cours à effectuer le nivellement dans
la quinzaine, « pour le rendre libre en tout
temps, et pour que les bêtes y pussent passer
sans incommodité. » Les syndics durent « faire
boucher les ouvertures des acqueducs par des
pierres de taille, planter deux rangées de beaux
arbres du côté du monastère de la Miséricorde,
et remplir ceux qui manquaient de l'autre côté,
abattre les vieilles tours et autres murailles,
etc. »

Quoiqu'il en soit, le Cours fut fait, et les
générations qui ont suivi n'ont pas gardé le
moindre souvenir de ces difficultés. C'était une
lourde entreprise dont l'achèvement nécessita
de fortes dépenses. Aller au-delà était désormais impossible. Les terrains situés aux abords
de l'église de St-Jean-de-Malte et que les actes

(1) *Registre des Contrats de la ville*, de 1660, folio 329.
(2) Le rapport de l'alignement du Cours est du 24 avril 1657.

publics du temps qualifient par anticipation du nom de *ville Mazarine*, n'offraient tous ou presque tous encore que des emplacements vides et des rues parfaitement tirées au cordeau, mais en espérance. La rue de Saint-Sauveur ou des Quatre-Dauphins ne devait être entièrement terminée qu'en 1666. Telle était néanmoins la passion des agrandissements, l'audace, la cupidité même des propriétaires de terrains et des entrepreneurs de bâtisses, qu'un autre projet de constructions sur une très large échelle fut alors mis en avant, puis défendu jusqu'au Conseil du Roi, avec les ressources de l'intrigue et de la chicane. Le débat fut occasionné par un autre Cours dont la création a été presque contemporaine de celle du grand Cours.

II.

En 1661, le 5 septembre, le Conseil de ville, assemblé selon l'usage, eut à se prononcer sur une demande adressée aux consuls. Plusieurs particuliers avaient entrepris de régulariser l'entrée de la ville, par la porte St-

Louis (1), en établissant une avenue dans les terrains qu'occupaient les jardins et prairies du sieur Beaufort, greffier des Etats; « afin que de la porte St-Louis, disait l'assesseur, on puisse voir l'église des Recollets (2), ce qui rendrait l'issue de cette porte très-belle. » Ils sollicitaient dans ce but une subvention de la communauté.

De grands jardins s'étendaient à cette époque jusque sous les murs de la ville; ils appartenaient à divers propriétaires, les sieurs Beaufort, Vitalis, Gastaud etc... Le boulevard St-Louis qui se dirige vers le Cours de la Trinité n'existait pas encore; il fut créé seulement en 1789, après bien des luttes orageuses dans lesquelles nous trouverons le curieux complément de l'affaire du Cours St-Louis; et nul n'ignore que là avait été établi, dès la seconde moitié du xviiie siècle, le jardin des plantes dirigé par le savant médecin et botaniste Darluc. Près de la porte St-Louis, s'élevaient isolés deux vastes bâtiments : l'église des Recollets démolie depuis la

(1) La porte St-Louis qui donna une issue hors la ville au nouveau quartier de Ville-Neuve, fut ainsi appelée du nom de Louis XIII alors régnant. Elle avait été ouverte en suite d'une ordonnance du duc de Guise, gouverneur de Provence, rendue le 24 novembre 1612 et confirmée à Paris le 28 janvier 1613. — V. *les Rues d'Aix*, t. II, p. 11.

(2) Les R. P. Recollets s'étaient établis et avaient été reçus à Aix en 1621.

révolution et sur l'emplacement de laquelle a été bâti, en 1822, le noviciat des Dames Hospitalières de Saint-Thomas de Villeneuve (1) ; l'hôpital de la Charité (2), fondé en 1641 pour les enfants et vieillards indigents (aujourd'hui, l'Ecole d'arts et métiers). Déjà, on avait commencé à aligner du côté des R. P. Recollets et à y planter des arbres. L'utilité publique était engagée dans la bonne et entière exécution de l'entreprise. Le Conseil accorda une somme de 1,600 livres.

Les travaux traînèrent en longueur ; ils furent même suspendus par l'effet de circonstances qu'en l'état de nos habitudes modernes nous soupçonnerions difficilement. Les entrepreneurs n'étaient ni les architectes de la ville, ni des ingénieurs des ponts et chaussées ; ils n'avaient pas à leur service cette puissante machine de la centralisation qui, dans l'ordre matériel, transforme tout ce à quoi elle est appliquée. C'étaient de simples particuliers, agissant à leurs risques et périls. On ne leur

(1) Le couvent des religieuses Capucines qui est près de celui des Dames Hospitalières ne date que de 1831.

(2) Les belles constructions de l'hôpital de la Charité furent faites, dit-on, sur les dessins de Vauban.

Depuis la révolution et avant d'être affectées par la loi du 13 juin 1843 à la nouvelle Ecole d'arts et métiers, elles ont été successivement converties en dépôt de mendicité, en petit séminaire et en caserne.

avait fourni qu'une subvention assez modique, et, malgré son peu d'importance, ils ne l'avaient pas encore touchée en 1666, parce qu'il aurait fallu pouvoir vendre une petite maison sise au faubourg des Cordeliers et presque contigue au jardin du duc de Mercœur (1), sur laquelle était hypothéquée une créance qui leur avait été cédée par la ville. En suite de nombreux pourparlers, la maison fut enfin vendue (2), et le prix de 1,400 livres servit à s'acquitter envers les entrepreneurs du Cours St-Louis. L'administration communale, impatiente de voir finir le travail et pour ne pas le laisser inachevé, acheta en même temps de l'hôpital de la Charité les terrains nécessaires, outre ceux acquis déjà du sieur Beaufort. Notons que les propriétaires d'alors, aussi soucieux de leurs intérêts que ceux d'aujourd'hui, ne négligèrent pas de se faire payer fort chèrement de très-insignifiantes parcelles.

(1) Louis de Vendôme, duc de Mercœur et d'Etampes, gouverneur de Provence de 1653 à 1669.

Ce prince était fils de César Monsieur, l'aîné des enfants de Henri IV et de Gabrielle d'Estrées. Peu d'années avant sa mort, il avait fait construire près du faubourg des Cordeliers un pavillon qui fut vendu plus tard, en 1693, par son fils, également gouverneur de Provence, à J. B. de Suffren, seigneur de la Molle et conseiller au Parlement. Ce pavillon appartient aujourd'hui aux dames du Sacré-Cœur.

(2) L'acquisition de la maison fut conclue, au nom du duc de Mercœur, par son intendant et pour le logement de son jardinier.

Le Cours St-Louis était terminé en 1667 ; il se trouvait orné à son extrémité, près de la porte de la ville, d'une belle fontaine dont deux éminents artistes. Daret et Reynaud Levieux, avaient fait les dessins (1). Le public, en prenant possession du nouveau Cours, apprécia immédiatement les avantages et les charmes de la promenade qui lui était ouverte, au milieu de riantes prairies, dans un site gracieux aux abords de la pittoresque vallée des Pinchinats, et non loin de la place des Prêcheurs. Les magistrats et les avocats, toutes les classes et tous les âges y trouvèrent ce qui manquait au grand Cours, un air libre et la vue de la campagne. Ce plaisir ne tarda pas à être troublé.

Une passion immodérée d'agrandissements dans une ville dont l'enceinte aurait pu contenir 35,000 habitants au lieu de 25,000, l'intérêt de quelques propriétaires, gens influents à ce qu'il paraît, et très-remuants, allaient mettre à profit la faveur dont jouissait le nouveau Cours, pour essayer d'en changer la destination première. Le sieur Beaufort se posa comme le champion et le chef de la ligue. Il se créa d'a-

(1) Ils reçurent chacun pour honoraires la somme de 15 livres. Ce détail fourni par les comptes trésoraires de la ville nous a été communiqué par M. Berluc de Perussis.

bord un allié titré dans un général Blanc, auquel il vendit le 20 septembre 1677, ainsi qu'à d'autres spéculateurs, des places à bâtir sur le Cours St-Louis. Puis, réuni à ses cointéressés, et le 16 avril 1678, il fit assigner les consuls d'Aix par devant M. d'Estienne, trésorier général de France, chargé de procéder à l'alignement des futures constructions. Le véritable dessein des moteurs de l'affaire se produisit du reste avec franchise. Il avouaient, sans dissimuler, leur intention de construire, non pas seulement quelques maisons, mais tout un quartier avec de grandes et belles rues, de vastes places. — Ce quartier s'étendrait, fut-il dit dans une déclaration postérieure de Beaufort et de Vitalis, « depuis le coin joignant la lice allant à la porte Bellegarde jusqu'au coin du chemin traversier allant du Cours de la porte St-Louis à la chapelle de *Notre-Dame de bon voyage*, et tout le long dudit Cours, avec offre de reculer les bâtiments dans leurs fonds jusques à douze pas pour l'agrandissement dudit Cours. »

Les consuls ne voulurent pas répondre à l'assignation, sans convoquer le Conseil de ville et lui demander son avis. L'affaire avait mis en émoi l'opinion publique ; elle était d'un grand intérêt pour l'avenir du quartier d'Orbitelle et surtout pour les finances communales. Il y eut dans le Conseil un déchaînement général contre

les projets de Beaufort. — Il ne suffisait donc
pas à ce dernier, s'écrièrent les hommes sages
qu'effrayait un esprit aventureux d'entreprise,
il ne suffisait pas aux propriétaires du Cours
St-Louis d'avoir vendu très-chèrement des parties inutiles de leurs fonds. Eux-mêmes avaient
été les premiers à pousser la communauté et
les possesseurs des maisons du quartier St-
Louis à faire le Cours. « *Et maintenant que
ledit Cours est en estat, ils veulent profiter
de la beauté du lieu pour attirer les particuliers à bastir des maisons somptueuses,
qui ne feront qu'augmenter la mauvaise
opinion qu'on a de nostre luxe qui attire au
public beaucoup de surcharges.* » Quelle
situation prétendent-ils créer à la ville, dont les
seuls revenus consistent en ses fermes, produits de fortes taxes établies sur les denrées
de consommation, et avec lesquelles elle paie
les impositions, soit du Roi, soit du Pays ! Les
fraudes ne sont déjà que trop nombreuses ;
comment les empêcher, lorsque les faubourgs
s'étendront outre mesure ? Quels dangers ensuite pour les habitants d'Aix, s'il survenait
une contagion ! Par quelles barrières se garan-
tir, à moins que la communauté ne s'impose
la dépense onéreuse d'une nouvelle enceinte !

Des ouvrages publics beaucoup plus utiles,
mais très-coûteux, avaient été entrepris dans les

années précédentes ; ne valait-il pas mieux leur donner leur complément ? Ainsi, la ville manquait d'eau et ses fontaines étaient souvent à sec pendant l'été. En 1655, on avait délibéré d'en chercher, puis on avait dû pourvoir à l'établissement de divers acqueducs. Déjà en 1665, les travaux avaient eu leur effet, et les eaux recueillies au ruisseau des Pinchinats venaient de doubler le débit des fontaines des Prisons et de N.-D. de Bellegarde. En 1668, autres dépenses employées à couvrir ces mêmes eaux qui traversaient un vallon où se lavaient toutes les lessives de la ville et où, lisons-nous dans une pièce du temps, « toutes les ordures étaient mêlées à la source publique. » — Là ne s'étaient pas bornés les soucis et les soins de l'administration consulaire. L'hôtel de ville, celui-là même dont une partie avait été incendiée en 1536 lors de l'invasion de Charles-Quint en Provence, menaçait ruine à cause de son état de vétusté. Il avait fallu le reconstruire à grands frais, en achetant au prix de 7,550 livres la maison qui lui était attenante près de la Tour de l'horloge, traiter avec plusieurs artistes pour les sculptures et statues qui devaient orner la façade (1). La dépense n'avait pas été

---

(1) On trouvera dans les *Rues d'Aix* de M. Roux-Alphéran d'intéressants détails, sur la reconstruction de l'hôtel de ville qui fut délibérée en 1652 et achevée en 1668.

moindre de 100,000 livres ; et, peu d'années après , une somme aussi importante avait été affectée à la consolidation des bâtiments intérieurs du Collége Royal Bourbon (1).

Mais, pénétrons plus avant dans cette étude de la ville d'Aix à la fin du XVIIe siècle. Les embellissements et agrandissements réalisés en 1680 nous ont conduit à esquisser un chapitre d'histoire municipale ; or l'histoire municipale n'est pas seulement archéologique. Certes nous estimons beaucoup et prisons fort l'archéologie. Sans rien lui enlever de son mérite, on peut trouver néanmoins à côté et au-dessus d'elle quelque chose qui satisfasse un peu plus que la curiosité ; il y a l'économie sociale , il y a l'appréciation exacte et précise des conditions dans lesquelles se sont produits les faits dont nous ne voyons que les surfaces.

Envisagée sous cet aspect, l'affaire du Cours

Deux statues, celles de Charles III d'Anjou et de Louis XI, furent placées alors sur le balcon du nouvel édifice et y subsistèrent jusqu'en 1792. Elles furent d'abord l'objet d'une critique très-vive et très-injuste dirigée contre l'administration consulaire. On alla jusqu'à dire « qu'elles n'avaient été faites que pour donner de la besogne à deux ouvriers. » — Consult., sur ce détail et autres indiqués par nous, un mémoire justificatif publié en 1674. Il a pour titre : *Les Consuls et Communauté de cette ville d'Aix, à Monseigneur de Rouillé, chevalier etc....., intendant en Provence.*

(1) V. le mémoire mentionné ci-dessus. — Le Collége Royal Bourbon dirigé à cette époque par les Révérends Pères Jésuites, avait sa principale entrée sur la rue actuelle dite : *du Collége.*

St-Louis devient encore plus sérieuse. Les moindres détails d'ordre pratique concourent à dissiper bien des obscurités. C'est à coup sûr un spectacle très-instructif, pour quiconque étudie de près l'histoire administrative des villes, que celui du retour périodique des mêmes questions fiscales apparaissant d'époque en époque et suscitant toujours de semblables embarras. Ce spectacle nous frappe particulièrement dès la seconde moitié du xviie siècle. On sait à quel chiffre sont portées aujourd'hui dans Aix les recettes annuelles ordinaires et extraordinaires; elles atteignent 600,000 francs environ. Elles étaient bien supérieures, eû égard à la valeur de l'argent, en 1787, lorsque elles donnaient une somme de 507,661 livres ; mais il y avait alors deux millions et demi de dettes à payer (1). Au moment qui nous occupe, on n'en était pas là. Il avait été constaté par exemple, en 1657, que tout le revenu de la ville d'Aix ne dépassait pas 111,000 liv. Que faire, qu'entreprendre avec une somme si minime ?

(1) « Les possédans-biens ne sauroient trop se répéter que leurs propriétés sont hypothéquées à une dette de deux millions et demi ; que la conservation de nos fermes et l'économie dans l'emploi des revenus peuvent seules les libérer de cette charge énorme ; qu'il n'y a pas de corps ni de communauté dans la province, sans exception, qui soient endettés dans cette proportion. » — *Compte rendu par Messieurs les commissaires nommés au Conseil municipal d'Aix*, du 15 mai 1788, etc... ; Aix, Gibelin David et Emeric David, 1788.

On ne s'agrandit pas, on ne crée pas une nouvelle enceinte, on ne construit pas un vaste
hôtel de ville , sans demander de l'argent aux
contribuables ; pas plus qu'aujourd'hui sans
quelques sacrifices on n'exécutera le canal du
Verdon qui vaut mieux que tous les agrandissements. En 1657, comme de nos jours, on
demande donc de l'argent aux contribuables, et
on se sert à cet effet du seul mode alors usité
parmi nous : l'impôt indirect. Partie du revenu
annuel des 111,000 livres provenait du *rève* ou
piquet sur la farine, d'abord limité en 1547 à
un sol par quintal , puis élevé à cinq sols en
1632, pour solder les frais de l'émeute des
Cascaveoux. On le porta jusqu'à 25 sols par
charge en 1657 (1), et dès lors il produisit
54,000 livres. Les octrois n'étaient pas connus
en Provence où les Conseils d'habitants avaient
pleine liberté d'imposer, selon les exigences
des besoins publics, les denrées de consommation (2). Par conséquent, point de contrôle,
point d'autorisation du Conseil d'Etat et du
pouvoir central, point de gêne dans l'exercice
des droits de taxe et de surtaxe. Aix se trou-

(1) *Délibération du Conseil de la Communauté d'Aix, du 24 juin*
1657, le Conseil étant assemblé dans le réfectoire des Frères
Prêcheurs, à cause de la démolition de la Maison de ville.

(2) V. Notre travail intitulé : *Pascalis, Etude sur la fin de la
Constitution Provençale, 1787-1790*; Paris, Dentu, 1854.

vait seul et par exception soumis à des exigences spéciales. La Cour des Comptes y avait la haute main dans les finances de la commune ; et nous trouvons qu'elle n'avait permis en 1657 la taxe énorme de vingt-cinq sols que pour trois ans (1). Depuis cette époque, la taxe avait été réduite à quinze sols, et la rente de 54,000 livres était descendue à 36,000.

On s'explique ainsi le concert de plaintes qui accusèrent les surcharges d'impôts, lorsque Beaufort lança si malheureusement son projet de constructions au Cours St-Louis. Nous pourrions nous arrêter là dans notre aperçu et laisser la parole aux acteurs de la lutte. Mais, il faut pénétrer au cœur de la situation ; il faut montrer comment cette situation s'aggrave, à mesure que se développent sur toute l'étendue du Pays les conséquences du luxe et de la guerre.

Les difficultés surgissent alors pressantes, toujours plus nombreuses. Alors, malgré les recherches de Colbert et les remboursements dont il a donné l'exemple, est pratiqué sans ménagements le déplorable système de la vente, de la revente et du trafic des offices. Il épuise les communautés en achats incessants et infructueux. Louis XIV fait payer cher à la France

____

(1) *Arrêt de la Cour des Comptes, du 12 juillet 1657.*

une gloire dans tout son éclat au lendemain du traité de Nimègues (1678-1679), trop tôt compromise par le malheur. Tristes temps que ceux où l'honneur national, engagé dans de téméraires entreprises, ne peut reculer devant des sacrifices sans cesse renouvelés, qui grèvent l'avenir en rendant intolérable le présent (1) ! La ville d'Aix était déjà très-obérée ; elle ne tarda pas à l'être d'une manière écrasante. C'est ce qu'avaient pressenti et dit les bons patriotes. Entendez la déclaration que l'assesseur Debezieux faisait en 1692 au Conseil (2) :

« Ce temps de misère n'est que trop arrivé ; nous ressentons dans la province tous les maux que peut causer une guerre aussi allumée et opiniastre que l'est celle que le Roy soutient depuis plusieurs années contre tous les princes de l'Europe liguez. Le public et les particuliers se sont épuisez sans contredit jusques à

---

(1) Le budget des dépenses ordinaires de l'Etat, réglé en 1772 à 71,329,020 livres, s'éleva par l'effet de la guerre à 141 millions en 1681 et à 200 millions en 1682.—V. *L'Histoire de la vie et de l'administration de Colbert*, par M. Pierre Clément; Paris, Guilaumin, 1856; chap. xvii.

(2) Elle est en tête d'un *Règlement* fait en suite d'une délibération du Conseil de ville (29 mai 1692); sanctionné par le Conseil le 19 octobre et enregistré par la Cour des Comptes le 11 décembre de la même année.

On s'occupa alors de régler et restreindre les moindres dépenses, d'améliorer le système de comptabilité. Ce travail fut renouvelé en 1788.

défaillance (1). Nos champs sont presque sté-
riles, le peuple est extrêmement incomodé par
la cherté extraordinaire des denrées..... Nous
n'avons point de fermier en l'une de nos prin-
cipales fermes... ; les autres dépérissent et
nous n'en retirons presque pour tout revenu
que des procès à soutenir contre les délivra-
taires... Enfin la communauté se trouve acca-
blée tant par les anciennes dettes qu'elle a con-
ceües en divers temps que par les nouvelles
qu'elle a été forcée de contracter pour l'acquisition des offices de procureur du Roy, de greffier et de trésorier, dont Sa Majesté a voulu
qu'elle se chargeât (2) ; et toutes ces dettes sont
si importantes qu'il luy est impossible d'en payer
l'intérest à ses créanciers, dont mesme la plus
grande part a des arrérages très-considérables. »

Telles étaient en 1692 les conséquences de
la guerre ; elles nécessitent l'établissement de

(1) L'histoire a enregistré la désolante lettre que Lesdiguières
écrivait, dès 1775, à Colbert, sur la situation du Dauphiné.
Colbert disait lui-même dans un mémoire qu'il remit en 1681 à
Louis XIV :

« Ce qu'il y a de plus important, et sur quoi il y a plus de ré-
flexion à faire, c'est *la misère très-grande* des peuples. Toutes
les lettres qui viennent des provinces en parlent, soit des in-
tendants, soit des receveurs généraux ou autres personnes,
mesme des évêques. » — *Histoire de la vie et de l'administration
de Colbert,* par M. Pierre Clément, p. 279.

(2) La ville d'Aix fut obligée d'emprunter successivement,
pour l'achat des offices municipaux créés de 1691 à 1721, une
somme totale de 517,654 livres. C'est ce qui explique, en partie,
l'énorme dette dont elle était chargée en 1789.

contributions énormes portées jusqu'à quarante sols, pour la charge de farine (1), et à des chiffres proportionnels pour les autres denrées. Le quintal d'huile est imposé à trente sols, celui d'eau de vie à dix sols, la millerolle de vin et la charge de raisins étrangers à douze sols. Quant à la viande ce sont des plaintes journalières ; elle est hors de prix, elle coûte déjà quatre sols la livre (la viande de mouton), et les clameurs du peuple ont obligé de la réduire à trois sols et demi. En vain, les Conseils de ville s'assemblent ; ils sont toujours en présence du même problème : Créer de nouvelles ressources sans établir de nouvelles surcharges. Il arrive qu'on ne trouve plus de fermiers (2) acceptant de vendre la viande aux prix fixés par l'administration. Alors, on accuse les bou-

(1) Notons ici le prix du blé à cette époque ; il était environ de 12 livres par charge.—Quant à la ferme de la farine, comme revenu municipal, elle fut longtemps adjugée, dans la seconde moitié du XVIIᵉ siècle, à un peu plus de 30,000 livres. Elle rendait, en 1787, une somme totale de 189,000, sans compter le montant de la ferme du denier, imposé sur le pain blanc, qui s'élevait à 22,000. On établissait alors que les boulangers payaient 6 livres 10 sols par charge. Le pain blanc valait en 1771 2 sols, 7 ou 8 deniers la livre, le pain bis 2 sols, 1 ou 2 deniers.

(2) La ferme de la boucherie qui donnait seulement 22,000 livres en 1657, produisait plus tard (1787), administrée en régie, 80,000 livres ; et nous ne comprenons pas dans ce chiffre les diverses fermes de l'entrée des agneaux et chevreaux, de la charcuterie, des langues de bœuf et de vaches, c'est-à-dire une somme de 7,000 livres environ.

3

chers (1), de tout temps responsables dans la
fausse opinion des masses de la rareté de la mar-
chandise ; de même que, aux époques de di-
sette, l'exaspération populaire ne manque pas de
s'attaquer aux prétendus accapareurs de grains.

Toutes ces difficultés, tous ces embarras
provenant d'un état général et exceptionnel de
misère, étaient aussi les suites inévitables des
principes alors admis en fait de commerce et des
abus du régime règlementaire (2). Qu'on juge
par là des conditions anormales et désastreuses
dans lesquelles s'effectuèrent les agrandissements d'Aix. En 1680 les maux de la guerre
n'avaient pas été sentis, comme ils le furent
plus tard ; on ne s'alarmait que sur le luxe de

(1) Il y a un curieux et foudroyant réquisitoire contre les bou-
chers dans une *Ordonnance touchant aulcuns abuz du maistre
bouchier de la ville Daix et quelques aultres*, rendue par le Parlement le 6 juillet 1542. Ce réquisitoire ne ménage pas non plus
« *les boullengiers qui font le pain aussi petit que si le bled valoit
dix livres la charge* » — Extrait des *art. de lestil et instruction
nouvellement faictes par la souveraine Court de Parlement de Provence etc.* 1542, en caractères gothiques.

(2) Les vices et les abus du régime réglementaire se mon-
trent d'une manière frappante dans les tarifs des prix des denrées, toujours renouvelés par le Parlement ou les consuls
d'Aix à diverses époques et toujours impuissants. En 1661, par
exemple, le Bureau de police décida que la paire de perdrix
« *bonnes et de recepte* » se vendrait 30 sols, celle de bécasses 20
sols ; que les levreaux se paieraient au plus 20 sols la pièce,
les lapins de champs 14 sols, les pigeons pattus et domestiques
16 sols la paire, les poulles grasses 14 sols la pièce, les chapons
vieux 20 sols, etc.....

constructions. C'est la pensée qui inspire les
factums imprimés ou manuscrits, au sujet du
Cours Saint-Louis. Le président de Regusse,
écrivant ses *Mémoires* vers cette époque, parle
de la pompe et de la vanité de la ville ; le mot
est presque blessant, mais il est dicté par les
mêmes impressions peu favorables à une excessive magnificence.

Revenons au Conseil de ville délibérant sur
l'assignation de Beaufort, et, sans prévoir les
épreuves qui se préparent, se préoccupant des
besoins actuels d'économie. Avant de s'engager
dans un procès qu'il n'hésitait pas à soutenir, il
demanda une consultation préalable à « quatre
avocats très-habiles. » Ce furent avec l'assesseur J. Gautier, MM. Decormis, Azan et
Bouisson.

Leur consultation, qu'on peut lire transcrite
en entier dans les registres de l'Hôtel-de-Ville,
ne se fit pas attendre. Elle fut signée et expédiée huit jours après, le 23 mai. Elle concluait pour le droit d'opposition de la ville, et,
malgré le crédit de Beaufort et des personnes
qu'il avait mises dans ses intérêts, elle décida
le vote du Conseil. Battu sur ce terrain, Beaufort ne se découragea point. Il partit pour Paris
en 1680. Il s'était vanté, dès l'origine de l'affaire, de pouvoir obtenir, quand il le voudrait,
des lettres-patentes favorables. Il tâcha de les

surprendre dans les bureaux de la Secrétairerie d'Etat. Les lettres même, grâce à ses démarches, allaient être expédiées, lorsque la communauté, prévenue à temps, les arrêta en formant opposition.

Beaufort, déconcerté par cette intervention qui ajournait son entreprise, présenta alors au Conseil du Roi un placet, dans lequel il sollicitait le renvoi de l'affaire à M. Morant, intendant. C'était pour lui le moyen de forger à loisir de nouvelles armes : armes de droit bien entendu ; car, en fait, il était condamné par l'opinion publique. Il eut un plein succès. Colbert signa le 4 décembre 1680 une commission adressée à M. Morant. Le délégué du pouvoir central était chargé de procéder à une enquête sur l'utilité et l'opportunité des constructions ou agrandissements au Cours St-Louis.

Spectacle singulier assurément que celui d'un homme luttant dans une semblable cause contre toute une ville, et prétendant la forcer à avoir presque plus de maisons qu'elle ne contenait d'habitants !

III.

Les pièces essentielles du procès ont échappé au sort qui attend la plupart des vaines disputes, par lesquelles se laissent passionner et diviser les hommes. Nous avons le mémoire des quatre avocats dont François Decormis fut probablement l'auteur, puis un curieux factum de J. Ignace Saurin, assesseur d'Aix en 1681, où sont insérés les *Dires donnés par devant monseigneur l'intendant au nom des sieurs consuls et communauté d'Aix* (1), en réponse aux contredits des sieurs Beaufort et consorts. Ce n'est pas le lieu d'étudier la question de droit ; mais, il n'est pas sans opportunité de mettre en relief les principaux arguments produits par les défenseurs de la ville.

Quelle est la part d'action de la communauté sur ses membres, en ce qui concerne le droit

____

(1) Aix, Charles David, 1681.— Ce factum est cité par M. Edmond Barrême dans l'intéressant *Eloge de J.-I. Saurin* qu'il vient de publier.

de bâtir ? Dans quelle limite l'intérêt public peut-il être opposé aux intérêts privés qui, sans autre mobile, sans autre règle que la convenance de chacun, détruiraient bientôt au sein d'une cité toute harmonie, tout équilibre, toute proportion ?

Voilà comment la question juridique se pose après la question économique. La liberté pleine et absolue du propriétaire n'est pas contestée en thèse générale. Celui-ci peut élever sur son fond, et comme il l'entend, les constructions urbaines ou rurales nécessaires à son logement, à celui de ses fermiers. Peut-il vouloir et faire impunément que ces constructions deviennent un faubourg, de véritables quartiers avec rues, places etc., ou, si l'on veut, une nouvelle ville « joignant les murs de l'ancienne. »

Non, répondaient les avocats consultés dans l'affaire du Cours St-Louis ; non, disent à leur tour les administrateurs ; et ils invoquent les principes limitatifs du droit de propriété, alors jugés indispensables pour la sécurité, les embellissements intérieurs et extérieurs des villes. — Si la communauté se trouvait désarmée contre des tentatives du genre de celles du sieur Beaufort, « il y aurait une licence sans bornes et effrénée selon son caprice... ; les villes n'auroient plus de figure assurée. Le droit des gens qui a poussé les hommes à s'assembler daus les villes, pour y jouir d'une vie plus douce, y a apporté des tempéraments. » — « Les particuliers, ajoutaient Decormis et les autres conseils de la communauté d'Aix, estant de droit obligés à souffrir la démolition de leurs bastiments, quand l'intérêt des villes et communautés l'exige, ils peuvent avec plus de raison estre empeschés de faire de nouveaux bastiments dont lesdites villes et communautés pourroient recevoir du préjudice ; c'est-à-dire qu'en pareille matière, comme en tout autre, l'interest public doit régler les desseins des particuliers... La loi 3 *de Operibus publicis* monstre assez que l'utilité commune prévaut toujours à cette liberté de bastir. »

La jurisprudence est du reste formelle. Plusieurs fois et par divers motifs, le Parlement s'est opposé à de semblables entreprises ; et on citait ses arrêts des 4 octobre 1593, 10 septembre 1597, juin 1634 (1) par lesquels *il avait fait inhibitions et défenses, à tous qu'il appartiendroit, de bastir hors de la ville à peine de 1,500 livres.*

____

(1) On trouvera le texte de ces divers arrêts qu'il serait trop long de reproduire ici, dans le t. II des *Documents de la ville d'Aix*, manuscrit faisant partie des archives municipales. Ils n'interdisaient pas seulement de construire, ils ordonnaient de démolir les maisons bâties « aux bourgades et hors des murailles. »

Le Parlement a usé de mesures si rigoureuses, surtout à cause de la fréquence des pestes et en vue d'une guerre possible déterminant une invasion de l'ennemi. Mais, d'autres considérations, indépendantes de celles qui obligeaient autrefois les villes à se renfermer dans une enceinte (1), peuvent et doivent encore être émises. Il ne s'agit plus d'un danger à prévenir, il s'agira d'un autre genre de satisfaction que réclame l'utilité publique. Une promenade, par exemple, n'est-elle pas l'ornement essentiel d'une ville? Ne répond-elle pas à un besoin général? N'est-elle pas le bien, la propriété de tous? N'apporte-t-elle pas à tous, plus peut-être aux pauvres qu'aux riches, des éléments de santé et d'agrément? — Enlevez-lui l'air et la vue, et elle change de caractère. Un lieu qui est clos de murs n'est plus une promenade, c'est une place; rien ne le distinguera de ces chemins publics sur lesquels s'alignent, en s'éparpillant au hasard près des villes, de mi-

(1) Ces principes, entendus dans un sens étroit et matériel, dictèrent les Déclarations royales des 30 avril 1672, 18 juillet 1724, 29 janvier 1726, 16 mai 1765 et 25 juillet 1766, qui ne réussirent pas à empêcher les agrandissements de Paris. La déclaration de 1724 exprimait, entre autres motifs, « *que les bâtiments de l'intérieur de la ville seraient négligés pendant qu'il s'en élèverait en deçà de ses limites.* » Il eût fallu craindre toute autre chose pour Paris, et ne pas faire moralement, politiquement, socialement, par la déchéance progressive de la province, ce qu'on essayait en vain d'empêcher matériellement.

sérables cahutes, des remises, des cabarets etc...
Une population entière sera-t-elle donc la vic-
time du fait d'un seul ou de quelques-uns ?
Faudra-t-il qu'on ait dépensé des sommes importantes, qu'on ait planté, nivelé des terrains, sablé des allées, construit des fontaines,
établi en un mot ce qu'on appelle une promenade, pour que, sur le seul lieu où la population trouve un air pur et le soleil, le premier
venu soit autorisé à les lui ravir en rendant
tous ces frais infructueux ?

« Le droit que les particuliers ont sur leur
fonds ne peut s'étendre jusque là, » s'écrie Saurin ; puis, s'occupant des circonstances dans
lesquelles est engagée la lutte : « il n'y a que
treize ou quatorze années, dit-il, que la communauté a voulu procurer aux habitants l'ad-
vantage d'un Cours, à cent pas de la place la
plus fréquentée, pour avoir la liberté de la
veue et la salubrité de l'air qui sont deux advantages que l'on ne trouvoit pas au grand
Cours, à cause des maisons qui le bordent d'un
costé et de l'autre. Cette dépense faite sur ces
motifs se monte à plus de 20,000 livres, et,
tout-à-coup, l'on veut priver le public du
plaisir et de la commodité qu'il attendait d'en
recevoir ! Il n'y a rien de plus injuste que cette
prétention. »

Cette injustice révolte Decormis et Saurin.

Ils aperçoivent là une sorte de vol fait au public
et ils s'en indignent. Les motifs de droit dont
ils se prévalent sont tous fondés sur l'intérêt
général du peuple. Le peuple sera défendu.
Veut-on savoir jusqu'à quel point ?—Le Cours
St-Louis ne fut pas la seule de nos promenades
que menacèrent les spéculations de l'intérêt
privé. Quarante ans après l'affaire Beaufort, le
25 juin 1723, l'assesseur Pazery dénonça au
Conseil de ville l'entreprise d'un sieur Vial,
propriétaire d'un jardin au bas du grand Cours,
qui exhaussait ses bâtiments, de manière à borner la vue. Borner la vue du grand Cours !
Un simple particulier oser détruire pour toute
une ville la perspective riante, les lointains et
fuyants horizons, par lesquels se trouvaient
complétés les charmes de cette belle promenade ! Quelle témérité ! Les avocats consultés
furent d'avis qu'on pourrait arrêter le sieur
Vial dans ses travaux, en l'indemnisant. L'in-
demnité fut de 150 livres. Le Conseil délibéra
en même temps de présenter requête au Parlement, « *pour avoir deffenses à toutes personnes de faire aucuns bâtiments ni travaux, long les lisses de la ville, qui pourroient borner la vue, en conformité de l'arrêt
de 1593 (1)* »

(1) *Registre des délibérations du Conseil de ville*, folio 101, art. 3

En 1681, ce n'était pas seulement une maison, c'étaient de vastes quartiers qu'on voulait
construire sur une promenade à peine ouverte
au public. Jamais passion effrénée de bâtir ne
s'était montrée si mal à propos et avec un tel
acharnement. — On prétend créer une nouvelle ville au Cours St-Louis, disaient les oppo-
sants aux projets de Beaufort; on prétend
obliger l'ancienne à s'étendre jusqu'au-dessous
des collines qui l'environnent! On juge appa-
remment qu'il n'y a pas dans Aix assez d'hôtels
et de maisons habitables, et qu'il faut se hâter
de pourvoir au logement d'un excédant de
population. Et on manifeste une si étrange
confiance, lorsque des plaintes universelles si-
gnalent le trop grand nombre de constructions
récentes, quand le quartier d'Orbitelle, si
bien situé près de la route de Marseille, et
l'extrémité du Cours, aux abords de la ville,
sont « encore vides en partie et qu'on peut y
aller bastir! »

Si la jurisprudence du Parlement avait été maintenue, un pro
cès récent, soutenu par la ville dans l'intérêt public, n'aurait pas
été possible. Nous voulons parler de la construction du bâti-
ment faite naguère dans les fossés qu'on comble aujourd'hui,
le long des remparts situés derrière la rue Villeverte.

V. aussi dans le *Recueil* de la Touloubre, t. 1, p. 93, la dispo-
tion en vertu de laquelle les remparts et le terrain voisin, « jusqu'à l'étendue de trois cannes en dehors et de deux cannes en
dedans, l'épaisseur des murailles non comprise, font partie des
Régales » c'est-à-dire du domaine public.

« Quelle ruine, continue Saurin, pour une infinité de familles qui n'ont d'autre vaillant que les maisons qu'elles possèdent dans l'enceinte des murailles!... Le corps de ville sera inévitablement déserté. Il n'y a personne qui ne connaisse, par expérience, les désordres causés par tant d'agrandissements faits en si peu de temps. Telle personne qui comptoit sur 20,000 livres en fonds de maisons s'est veue réduite à dix sans y penser.

« L'on ne voit partout que billets portant : *maison à louer*, *maison à vendre*, et il ne se trouve ni acheteurs, ni locataires ; ou c'est à si bas prix qu'il est impossible que le maitre se sauve (1). »

Les propriétaires coalisés du Cours St-Louis n'avaient pas craint d'invoquer l'utilité publique. On l'invoque toujours pour déguiser l'intérêt personnel. — « Plus il y aura de maisons, répétaient-ils, et moins les louages seront chers ; les étrangers seront par là invités à venir habi-

______

(1) Les mêmes plaintes se renouvellent de siècle en siècle, sans convertir personne et sans empêcher une seule construction.

Un anonyme écrivait, en 1773, aux *Affiches d'Aix :* — « Votre ville n'est pas peuplée à raison de son étendue. Vous avez un nombre considérable de maisons vacantes... » De semblables doléances sont exprimées, le 12 novembre 1791, au sein du Conseil général de la commune : — « Quant à la valeur des maisons et à celle des loyers, comment comparer la *solitaire* ville d'Aix avec l'opulente cité de Marseille ?... »

ter en cette ville, les fermes augmenteront pour la communauté. »

— « Voilà un genre d'utilité publique qui est bien nouveau, répond Saurin. Pourquoi s'arrêter dans une si belle voie? Après les bâtisses demandées, il faudra se hâter d'en entreprendre d'autres, toujours sur ce fondement que plus il y a de maisons, moins les louages sont chers. Mais on n'arrivera qu'à ruiner les propriétaires des maisons du corps de ville, dont le prix, en suite des nouveaux agrandissements, a diminué d'un tiers et qui ne peuvent être louées.

« Il n'est pas vrai ensuite que les locataires de cette ville soyent en plus grand nombre que les propriétaires de maisons. Au contraire, il est de notoriété qu'il n'y en a pas la quatrième partie tant que de propriétaires. Et qui est-ce qui pourroit attirer en cette ville la foule des locataires? *Nous n'avons ni port de mer, ni rivière, ni négoce, ni aucune sorte de manufacture; il n'y a que le seul palais qui attire quelques personnes, dont la pluspart n'y sont qu'en passant et pour la poursuite de leurs procès.* »

Le mot décisif, le dernier et tout puissant argument arrivent enfin sous la plume du jurisconsulte patriote. — Aix est sans négoce, sans manufacture, le palais seul y attire quelques personnes...; et l'on ne cesse d'y bâtir!!—Que disons-nous donc de plus aujourd'hui, en ne tenant pas un compte suffisant des progrès considérables, accomplis depuis cinquante ans dans les diverses branches du commerce et dans l'industrie locale ?

L'avenir réservait à cet argument une triste et trop éclatante justification. Par l'effet de la plus curieuse coïncidence, les mêmes lieux où à peu près devaient avoir le privilége de servir d'occasion et d'objet aux mêmes plaintes, dans des circonstances à jamais mémorables. L'affaire du Boulevard St-Louis vaut la peine d'être indiquée, comme conclusion du mémoire dont le Cours St-Louis inspira la vive ardeur de polémique.

Transportons-nous par la pensée un siècle plus tard. Ce n'est plus en 1680, c'est en 1788. C'est lorsque cette ressource du palais est subitement enlevée à la capitale de la Provence, qui n'a ni assez d'industrie, ni assez de négoce, pour conjurer les suites immédiates de son malheur. Voyons la ville d'Aix frappée par le coup d'Etat de M. de Brienne (1), son Parlement suspendu, ses ressources compromises

----

(1) V. notre travail intitulé : *Pascalis, Etude sur la fin de la Constitution provençale* etc...; Chap. v.— Pascalis était assesseur au moment où parurent les fameux édits du 8 mai 1788.

et amoindries (1), son avenir livré au vent des révolutions. Tout semble moralement et matériellement conspirer contre elle. Le palais de ses Comtes, cet incomparable monument où se résumait sa vie judiciaire et politique, ce vénérable témoin de l'antique indépendance provinciale, qu'il eût fallu, selon l'expression d'un contemporain, *étançonner avec des poutres d'or* (2), a été démoli sous l'influence de l'esprit niveleur qui n'épargne pas les meilleurs souvenirs d'histoire. Là où il s'élevait, il n'y a plus que des décombres, comme il n'y a plus que des magistrats sans crédit et sans pouvoir survivant à la suprématie parlementaire. Un architecte de Paris, M. Ledoux, a été appelé à fournir les premiers plans (3). Il a été ques-

(1) Aix se trouvait, nous le savons, en présence d'une dette de deux millions et demi à payer. Alors fut nommée cette commission, dont nous avons déjà signalé le *Compte rendu*, et qui travailla activement à réformer les abus existant dans l'administration municipale.

(2) *Supplique à Mgr le premier président et intendant de cette province;* curieux pamphlet publié en 1789 par J.-E. Gabriel, successivement procureur, négociant, et juge au tribunal civil d'Aix. — Nous tenons du si regrettable conseiller Mollet un exemplaire plus curieux encore de ce pamphlet, que son original auteur avait considérablement augmenté par des notes manuscrites sur les personnages de l'époque et la ville d'Aix.

(3) M. Ledoux, dont l'opinion condamna d'une manière si malheureuse l'ancien palais Comtal, et avec lui les deux tours romaines postérieures à l'époque de Trajan, avait été envoyé à Aix par le contrôleur général. M. Gabriel stygmatise en termes violents ce qu'il appelle le *sot orgueil* de l'architecte parisien, et

tion d'abord de placer le palais au bas du grand Cours (1). C'eût été peut-être là l'occasion d'un autre agrandissement ; mais la sagesse a triomphé, et il a été jugé que le nouvel édifice devait occuper la place de l'ancien. Deux entrepreneurs, Mignard et Mathieu, sont chargés des constructions, et déjà des maisons surgissent, des rues commencent à s'ouvrir.

C'est à la veille de la mesure par laquelle Aix sera dépouillé de ses tribunaux, au moment où les décombres du palais en ruine appellent

déclare que, s'il n'en eût été empêché, il aurait fait signifier aux consuls d'Aix un acte extrajudiciaire contre *cette barbare et stupide démolition.*

Les travaux de démolition, commencés après 1776, étaient terminés en 1786. La reconstruction du palais de justice fut ordonnée par lettres-patentes du mois d'avril de cette année, celle des prisons par autres lettres-patentes de janvier 1787. Le Trésor public devait contribuer à la première pour les deux tiers, les vigueries, les terres adjacentes et les possédant-fiefs pour l'autre tiers. On acheta, à cet effet, environ deux cents maisons et des terrains au prix de 655,000 livres. La dépense totale faite, lorsque le décret du 24 octobre 1790 suspendit les travaux de fondation, atteignait le chiffre de 1,457,492 dont le trésorier de la ci-devant Provence, M. Pin, avait soldé 471,281 livres. Nous empruntons ces détails au *Procès-verbal de l'assemblée administrative des Bouches-du-Rhône, tenue à Aix en novembre et décembre* 1791.

La ville d'Aix était destinée à avoir sous les yeux, pendant plus de trente ans et là où avait été le centre vivant de son activité, ce que M. Roux-Alphéran nomme énergiquement des *ruines neuves ;* et c'est du sein de ces ruines que s'est élevé de 1822 à 1832 le nouveau palais.

(1) *Mémoire pour la reconstruction du palais,* 1784, 1785 ; pièce manuscrite insérée dans le n° 929 des manuscrits de la Bibliothèque Méjanes.

un emploi utile , qu'un plan d'agrandissement est proposé et adopté avec enthousiasme. Le Cours St-Louis était demeuré jusqu'alors isolé. Les remparts de la ville n'y suivaient pas la direction qu'ils ont aujourd'hui ; ils faisaient un coude à l'extrémité orientale de la rue Suffren, puis ils se reliaient par une diagonale à une et plusieurs tours (1), non loin de la porte Bellegarde. Là, dans cet angle rentrant formé par les vieux remparts et les fossés, se trouvait contigu aux prés Beaufort le jardin botanique. Un petit chemin tortueux seul unissait le Cours St-Louis à celui de la Trinité, en face des deux fontaines. Le projet est émis de lui substituer un boulevard exhaussé avec les décombres du palais, de construire un nouveau mur d'enceinte, d'ouvrir des rues..., toutes dépenses dont *la communauté s'indemniserait par le terrain considérable qu'elle vendrait pour bâtir.* Adopté par le Conseil de ville le 28 octobre 1787, ce projet s'exécute ; des terrains appartenant aux prés Beaufort et au jardin botanique sont clos de murailles (2).—Bientôt,

(1) Le coude est marqué encore par un angle saillant, le long des nouveaux remparts, et une des anciennes tours transformée en habitation particulière subsiste dans la rue lice St-Louis.

(2) On fut obligé de piloter pour rendre solide l'établissement du nouveau rempart, ce qui accrut la dépense.

au mois de mai 1788 , surviennent les édits qui suspendent le Parlement et mettent dans une inexprimable détresse la ville d'Aix. Alors l'opinion, naguère si favorable à l'agrandissement, éclate dans un sens contraire.

« Quelle peut être l'utilité d'un agrandissement? s'écria-t-on. Ces quartiers sont et seront toujours *peu agréables*, et ils ne sont pas assez bien situés, ils ont trop peu d'étendue pour être recherchés. Si on poursuit bon gré mal gré leur construction, il faudra leur créer des avenues, il faudra que la ville cède des terrains précieux achetés par elle à sept livres la toise, qu'elle se charge des pavés... Il n'est point de citoyen qui ne désire la résiliation de cette ruineuse affaire. »

Le Conseil fut dans une extrême perplexité. On lui demandait une résiliation ; il ne pouvait y souscrire, sans indemniser les architectes, sans détruire très-onéreusement ce qui avait déjà coûté 12,000 livres (1).

Il délibéra, le 17 juillet 1788, que l'enceinte serait terminée à forfait. Un mois après, il se tira d'embarras en cédant les droits de la communauté, avec les terrains compris dans la nou-

(1) V. dans le *Compte rendu* déjà cité le rapport de la commission dont les membres, faisant partie du Conseil de ville, étaient MM. Mollet, le comte de Galliffet, Arnulphy, Esparlat, Bouteille, Joannis, Gautier la Durane, Baille.

velle enceinte, à M. Antoine Estrivier, avocat, moyennant 5,000 livres. M. Estrivier comptait faire là en petit ce qui eût été exécuté sur une vaste échelle au Cours St-Louis par Beaufort. La révolution empêcha l'exécution de cette aventureuse entreprise, et les terrains sont demeurés la plupart inoccupés (1). Ce fut le terme des agrandissements d'Aix.

IV.

Le mémoire de Saurin termina sans doute l'étrange lutte dont nous venons d'être l'historien. On voudrait savoir néanmoins quels furent les résultats de l'enquête et l'avis de l'intendant, quelles autres intrigues noua le sieur Beaufort... En l'absence de documents propres à nous éclairer, il serait difficile de hasarder là-dessus la moindre conjecture. Une délibération municipale, du 18 février 1682, mentionne

(1) Là et sur les vestiges de l'ancien rempart, a été construit dans ces derniers temps le vaste entrepôt de l'administration des tabacs.

simplement l'envoi au Conseil du dossier de
l'affaire ; puis il n'en est plus parlé (1). Mais
nous avons sous les yeux le Cours St-Louis.
Il ne fut pas bâti, les preuves en ont été mani-
festes jusque dans ces dernières années. S'il
l'eût été, la ville n'aurait pas eu le jardin Rambot ; les petits kiosques, qu'une passion de
bâtisse plus forte que toutes les révolutions y
élève confusément, ne seraient pas une nouveauté désagréable à l'œil, et Aix compterait
quelques rues désertes de plus.

Le Cours St-Louis ne fut pas bâti. A une
autre époque, il est vrai, on avait agité sérieu-
sement la question d'élever là tout un quartier
de ville ; mais on était en 1646, la promenade
n'existait pas encore, et on hésitait entre cet
emplacement et celui d'Orbitelle. Alors, on fit
valoir le beauté du lieu, sa salubrité, l'air pur
qu'on y respirait. Le comte d'Alais, gouverneur,
inclinait vers ce choix. — « Plusieurs même,
d'après l'historien de Haitze, croyant que l'a-
grandissement se ferait indubitablement de ce
côté, y avaient pris de bonne heure des places

---

(1) Les Beaufort s'éteignirent à la fin du xviime siècle. Le
cardinal Grimaldi, archevêque d'Aix, acquit les prés appartenant à cette famille et qui en ont conservé le nom ; il les
affecta à une partie de la dotation du Grand-Séminaire. — *Les
Rues d'Aix*, tom. ii, p. 488.

pour bâtir (1). » Or, si en 1646, malgré la puissante intervention d'un gouverneur de Provence, le projet n'avait pas abouti, était-il à supposer qu'il trouvât chance de réussite en 1680, lorsque la ville Mazarine n'était pas entièrement construite ?

La nature et l'originalité du procès soutenu contre Beaufort étonneront peut-être. Si l'on met de côté le péril qu'avait la ville à trop s'agrandir, quel intérêt de premier ordre pouvait et devait donc inspirer le Cours St-Louis ? Offrait-il de rares beautés dont l'ont dépouillé les outrages du temps ? Présentait-il des charmes incomparables ? — Non, mais il était alors la seule promenade ouverte aux habitants, dans un site riant, agreste et choisi, hors de l'enceinte des murailles.

La plupart des boulevards qui ont successivement orné les alentours d'Aix n'existaient pas. Le Cours de la Trinité ne fut fait que vers la fin du xviime siècle ; celui de Ste-Anne, sur lequel on construisit en 1727 le monumental édifice des Casernes et où se trouvait avant la révolution le siège de l'Académie royale

(1) Nous reproduisons dans l'*Appendice*, n° 1, un assez long fragment de l'*Histoire d'Aix* par de Haitze, sur les projets primitifs de construction en dehors de la porte St-Louis.

d'équitation pour la jeune noblesse (1), ne fut achevé qu'en 1686. Les Cours des Minimes et de Notre-Dame remontent à la même époque. Quant aux lices extérieures des portes Notre-Dame et Bellegarde, elles furent plantées plus de quarante ans après, en 1724 et 1737 (2). Nous ne nommons pas la Rotonde et les allées de Marseille, dont la création très-postérieure nous occupera bientôt. Le Cours St-Louis était donc presque unique en son genre, lorsqu'on l'établit en 1660.

Aussi, Saurin était fondé à écrire comme conclusion de son chaleureux mémoire :

« Il est certain que, quand on ferait des palais enchantés sur le Cours St-Louis, jamais il ne sera si agréable qu'il l'est en l'état où il se trouve. Chaque partie de ville a ses beautés. Le Cours qui est renfermé icy dans l'enceinte des murailles tire tout son embellissement des

---

(2) Notons ici, comme rapprochement curieux, que le même local où la jeune noblesse s'exerçait à l'équitation est celui dans lequel vient d'être établie l'*OEuvre de la Jeunesse*, fondée par M. l'abbé de Jersey de Bondes, pour donner aux jeunes ouvriers des instructions salutaires et des amusements utiles qui leur servent de préservatifs.

H. de Boniface, assesseur d'Aix dans l'année 1680, fut le créateur du Cours Notre-Dame. — V. l'excellent travail sur ce jurisconsulte publié par M. Berluc de Pérussis ; Aix, Marius Illy, 1860 ; p. 31 et 46.

(2) En ce moment même, on renouvelle les plantations de la lice Bellegarde.

maisons qui le bordent ; celuy de St-Louis qui
est hors les murailles prend ses agréments de
la liberté de l'air, de la beauté et de la gayeté
de la veue. Si l'on en tire ces advantages, ce
n'est plus la même chose. L'Empereur Justi-
nien, en la novelle 63, compare agréablement
ceux qui s'efforcent de nous priver de la liberté
des veues, de l'aspect de la mer ou de quelque
montaigne couverte de verdure, au ravisseur
de nos biens les plus chers et les plus précieux.
Et que ne doit-on pas dire du sieur Beaufort
et de ses consorts, lorsque, sans raison, sans
utilité, sans nécessité, ils veulent priver non
pas un particulier, mais tout un public, des
advantages qu'il s'estoit promis en faisant un
Cours, tel que celuy-cy, avec une dépense
considérable ! »

C'est par cette aimable façon de citer les
anciens et cet enjouement sans prétention que
nos jurisconsultes se plaisaient quelquefois à
tempérer la sécheresse de la langue du droit.
Familiarisés que nous sommes à tout ce qui
constitue la science moderne du confortable et
le luxe extérieur, blasés sur la jouissance de
biens autrefois difficiles à se procurer, presque
inconnus, et aujourd'hui surabondants, nous
ne nous faisons pas une idée des conditions
d'existence de nos pères. Nous ne concevons
pas et nous supporterions encore moins la vie

claustrale que menaient les hommes d'étude. Cette vie était aussi renfermée que la nôtre est répandue au dehors. Elle s'écoulait beaucoup plus dans le silence du cabinet, en colloque habituel avec les *in-folio*, qu'au milieu des plaisirs de société et des distractions du monde. Le matin au travail dès cinq heures, se rendant au palais à sept, écrivant non-seulement leurs consultations, mais leurs plaidoiries, n'ayant pas à leur service ces dictionnaires commodes, où la science s'offre d'elle-même en quelque sorte étiquetée et numérotée, les jurisconsultes éprouvaient plus que personne le besoin et ils devaient apprécier les charmes de la promenade. Les pompes, les magnificences du grand Cours les attiraient peu, à ce qu'il semble. Ils ne quittaient leur studieuse solitude que pour aller respirer l'air pur des champs, plaisir médiocrement goûté par les oisifs et les fâcheux qu'ils évitaient de rencontrer ; et l'on sait ce que Scipion Dupérier répondit un jour au jeune conseiller de Ballon, qui avait souvent l'indiscrétion de lui poser des questions de droit, au moment où il descendait du palais : — « *Monsieur, quand je viens à la promenade, c'est après avoir étudié tout le jour et pour me délasser. Il vous est aisé à vous qui ne faites rien de me venir fatiguer. Ainsi, Monsieur, laissez-moi promener en repos, et parlons d'autre chose.* » M. de Ballon en fut si mortifié que pendant deux ou trois jours il évita de rencontrer Dupérier, puis il s'enhardit et l'abordant : — « *Bonjour, monsieur Dupérier, lui dit-il, s'entend un bonjour pur et simple.* » — « *En ce cas là, je l'accepte* (1). »

On a là un exemple de la rude franchise de nos pères et de la part qu'ils donnaient aux exercices corporels dans leur vie de travail. Le même jurisconsulte déclarait au lit de mort n'avoir pas perdu une minute pendant les quarante années de sa postulation, au point qu'il n'avait pas eu le temps d'offenser Dieu.

Un autre fragment des lettres de Decormis nous fournit un aperçu sur les habitudes et le genre de vie des anciens magistrats. — « Ceux-ci n'étaient vus, y est-il dit, que dans les rues qui conduisaient au palais. » Et le vénérable octogénaire ajoutait avec tristesse, en comparant les vieilles mœurs aux nouvelles : — « Il n'y avait point alors de Cours d'Orbitelle ni aucun autre qui pût les dissiper. A la place des Prêcheurs, les jeunes se montraient quelquefois aux ailes ; et quand ils étaient en manteaux et

______

(1) V. le travail que nous publions dans la *Revue de Marseille*, sous ce titre : L'ANCIEN BARREAU DU PARLEMENT DE PROVENCE, ou *Extraits d'une correspondance inédite échangée pendant la peste de 1720 entre François Decormis et Pierre Saurin.*

voyaient venir l'avocat général Decormis, ils s'enfonçaient dans les boutiques. Quand ce magistrat s'en apercevait, il y entrait, et, les regardant bien sous le menton, il leur disait d'amitié les voyant sans robe : *O le biou Cadet !* et leur faisait confusion. »

Ce Cours d'Orbitelle dont Decormis parlait en 1720 et où les jeunes magistrats, au grand scandale des anciens, allaient se dissiper, c'était notre Cours actuel qui a cessé bien évidemment d'encourir un semblable reproche ; c'était cette promenade privilégiée des hautes classes aristocratiques et bourgeoises, pour laquelle les élégants et les fashionnables de l'époque faillirent faire une émeute en 1748, parce qu'un sieur Hugues, limonadier, avait osé y installer un café qui pourrait être dans l'avenir changé en boutique (1) ; c'était le rendez-vous habituel des Cadets d'Aix d'immortelle mémoire (2), et, à certains jours, des beaux équipages ; c'était en un mot cette image en raccourci des splendeurs de l'ancien régime expirant, dont M.

______

(1) Il fut délibéré par le Conseil de ville, le 9 avril 1748, « qu'il n'y aurait sur le Cours d'autres boutiques que celles de café et non d'aucuns autres artisans. »

(2) Nous avons tracé ailleurs, d'après le pamphlet déjà mentionné de Gabriel, la curieuse silhouette du Cadet d'Aix. — *Un journal et un journaliste à Aix, avant la révolution.*

Roux-Alphéran a été le chroniqueur si ému et le peintre si exact.

Aux yeux d'austères jurisconsultes, tels que Decormis et Saurin, pour les hommes nourris dans les principes d'une économie traditionnelle, pour les demeurants d'un autre âge gardant toutes leurs affections à la place des Prêcheurs, ce Cours fut et ne pouvait que paraître un luxe disproportionné avec la modeste situation de la ville d'Aix ; un théâtre ouvert à l'esprit de nouveauté, aux vanités et aux puérilités de la mode ; quelque chose comme le moderne bois de Boulogne, transformé par une baguette magique, aux yeux des Parisiens du vieux temps (1).

Et cependant, disons-le afin de ne pas laisser cette esquisse inachevée, combien d'autres embellissements devaient encore accroître ce que de rigides censeurs appelaient *le luxe* de cette promenade ! Celle-ci, pas plus que les autres, ne jouissait et ne fut pourvue avant **1786** du premier des luxes : celui de l'éclairage. Le Cours, si brillant qu'il fût en plein jour, demeurait plongé dans les plus noires ténèbres, dès que la nuit était close ; et une lanterne, des fanaux portés par des domestiques, seuls per-

(1) Voir à l'*Appendice* le n° 2.

mettaient d'y circuler sans péril. En 1786,
l'administration crut avoir réalisé un très-grand
progrès, en traitant pour l'établissement de 634
lumières ou 317 lanternes, pendant six mois,
avec le sieur Sangrain, « chargé de l'illumina-
tion des rues de Paris (1). »

Ensuite, les mêmes lieux dont l'historien
d'Aix, de Haitze (2), admirait plus tard la perspective « fournissant un point où la veue peut
se promener à plus d'une lieue à la ronde, »
ne furent d'abord qu'un long enclos, fermé par
une épaisse barrière de remparts. En 1696
seulement, on y créa quatre fontaines. La principale figura, selon le goût de l'époque, deux
chevaux ou monstres marins traînant le char
de Neptune et desquels jaillissaient deux belles
nappes d'eau, au milieu d'un bassin en forme
de carquois. Alors les remparts rasés firent
place à une balustrade, ce dont les promeneurs
du temps témoignèrent leur satisfaction, parce
qu'ils purent là, au bruit d'un jet d'eau qui

(1) Les fonds servant à l'éclairage, 22,000 livres environ,
furent fournis par la classe riche, qui dut payer un denier
par livre de pain blanc. En 1788, on ne trouvait plus les 634
lumières suffisantes. — « Il n'est point de citoyens, disait-on,
qui ne désire voir continuer l'éclairage toute l'année. Ce
qui n'était jadis considéré que comme agrément est devenu
aujourd'hui une nécessité. » — *Compte-rendu par MM. les commissaires nommés au Conseil municipal du 15 mai 1788, etc....*

(2) *Histoire manuscrite d'Aix*, liv. XXIV, chap. LVIII.

retombait en pluie sur la fontaine (1), laisser errer leurs yeux sur la campagne et les prés inférieurs. Alors, de déserte qu'elle était, cette extrémité du Cours devint la plus vivante, et, selon l'expression de de Haitze, la plus divertissante ; des hôtels commencèrent à s'y construire.

Mais toutes choses, ici bas, ont leurs vicissitudes ; il n'est rien, pas même les fontaines, qui n'ait sa période de faveur à laquelle succède une période de dégoûts. La fontaine des Chevaux-Marins ne fut pas exempte de ces péripéties de la fortune, de cet abandon au moment fatal, qui atteignent les plus petits comme les plus grands objets d'une éphémère popularité. Cette fontaine « superbe, » au jugement des contemporains, « ce jet d'eau magnifique qui, de loin, semblait se perdre dans la cime des arbres et, de près, paraissait se jouer avec les feuilles et les oiseaux, » cette balustrade dont

(1) Ce jet d'eau avait vingt pieds d'élévation au-dessus de la coquille formant le char de Neptune. — Article *Aix*, dans le *Dictionnaire géographique* d'Achard.

M. Edmond de Lagoy nous a montré, parmi les précieux documents que sa persévérante initiative collectionne sur l'histoire d'Aix, une gouache représentant la fontaine des Chevaux-Marins, ombragée par les quelques ormeaux déjà séculaires des allées latérales, à l'extrémité du Cours. On aperçoit derrière la balustrade le monastère des Carmes déchaussés. Cette gouache porte le nom d'un artiste nommé J. Hoüel et la date de 1773.

l'heureuse situation offrait au regard surpris
« le plus admirable horizon et le plus beau
point d'optique, » eurent moins d'un siècle
après leur création un bien triste destin. L'évè-
nement (car c'en fut un), arriva au moment
même où on démolissait l'ancien palais comtal,
lorsque furent entrepris les deux nouveaux chemins de Marseille et d'Avignon (1). L'agréable
dut être sacrifié à l'utile. Il fallait à la capitale
de la Provence des abords dignes d'elle. On
combla les prairies environnantes, les terrains
qu'occupaient le monastère et l'église des Carmes déchaussés ; on éleva ainsi une vaste Rotonde, et, comme un changement ne s'effectue
jamais seul, on ouvrit là tout naturellement la
porte de la ville, en sacrifiant celle des Augustins, « où habitants et étrangers avaient plusieurs fois risqué de perdre la vie. »

La fontaine des Chevaux-Marins disparut. Des
fossés furent creusés pour recevoir les eaux,
et un pont, orné d'une grille de fer en 1783,
donna un libre accès sur le Cours. On vit alors
se reproduire, par d'autres motifs et aussi dans
d'autres circonstances, l'émoi général dont l'af-

(1) En 1777, année où la ville acheta l'église et le monastère
des Carmes déchaussés pour une somme de 63,000 livres environ. Cette même année, l'hôtel des Princes fut construit par
les frères Arnoux qui occupaient déjà l'hôtel des Martigues.

faire du Cours St-Louis avait été l'occasion. La poésie s'effaçait devant la prose ; la promenade aristocratique subissait l'invasion du courant démocratique. Déjà un arrosage journalier était un insuffisant préservatif contre la poussière, pendant les mois de fortes chaleurs (1). La grande allée du milieu une fois transformée en vulgaire chemin public, où passèrent dès lors « plus de charrettes que de carrosses (2), » la poussière en été et la boue en hiver y firent élection de domicile. La douleur des amis du passé s'exprima avec véhémence ; et même, lorsque arrivèrent les orages de 1789, elle servit d'arme d'opposition révolutionnaire. M. le comte de Valbelle avait légué à la ville une somme de 30,000 livres, pour élever un obélisque ou tel autre monument sur la place de la Rotonde. Les censeurs acharnés de la précédente administration dénoncèrent le mauvais emploi qu'on en avait fait (3), en construisant un pont « dont chaque pierre coûtait des larmes aux citoyens, chétif embryon

(1) L'hôpital de la Charité fut d'abord chargé de l'arrosage du Cours, moyennant 100 livres par an. Le Conseil de ville porta cette somme à 120 livres en 1736.

(2) Article *Aix*, dans le *Dictionnaire géographique* d'Achard qui parut à la veille de la révolution.

(3) Ibid.—Ce don qui ne devait être payable qu'après la mort de M. le comte de Valbelle, avait été fait en 1773.

de l'architecture et du bon goût. » Ils n'eurent pas assez de dédains, en parlant « de cette Rotonde, elle-même, faite à grands frais, comme pour servir exprès d'entonnoir à la poussière de deux grands chemins, qui s'engouffrait dans le Cours et le rendait impraticable (1). »

Ici finit l'ancien régime et le nouveau commence. Ici s'arrête notre plume. Narrateur fidèle de longs, de trop obscurs détails, nous avons essayé de les grouper en un ensemble vivant et probant. Il est temps de conclure par de plus hautes, par quelques utiles pensées.

Nous venons d'étudier sous une de ses faces la physionomie d'un monde qui n'existe plus. Nous avons vu à l'œuvre les hommes qui eurent l'ambition de grandir notre cité, presque au-dessus d'elle-même ; nous les avons vus, tels qu'ils furent, à la fois légers et tenaces, faisant grandement, sinon gravement les choses, ne concevant pas les dons de la naissance et de la fortune, sans les charges souvent excessives de la représentation, de la pompe et du faste extérieurs. Les Français d'alors, mal-

(1) L'avocat Arbaud, l'auteur de ces diatribes, trouva un contradicteur résolu dans le sieur Vallon, architecte de la province.— Consult. les *Réponses succinctes aux articles de la motion de M. Arbaud, avocat, concernant l'architecte de la ville ;* Aix, 1789.

gré l'abîme ouvert entre les deux sociétés, n'é-
taient pas aussi dissemblables qu'on le croirait
de ceux d'aujourd'hui ; mais ils en différaient
sur un point essentiel. Ils se sacrifiaient, ils se
ruinaient quelquefois à élever socialement leurs
familles, à faire *des maisons* dans le sens
moral et matériel du mot, autant que la géné-
ration actuelle, pressée de jouir et n'apercevant
rien au-delà de l'individu, semble travailler à
les défaire.

C'est à cet orgueil de famille, entravé mais
non détourné de son but par la détresse générale, à la fin du règne de Louis XIV, que la
ville d'Aix doit ses derniers agrandissements.
C'est lui qui fit surgir, en un demi-siècle, tant
de beaux hôtels, où nos mœurs démocratiques
s'accommodent mal de la dimension des appartements et où nos instincts utilitaires calculent
les espaces perdus.

Les mêmes séductions, les mêmes ambitions
domestiques, n'ont plus chance, désormais, de
lancer nos concitoyens dans de pareilles entreprises. Si des agrandissements étaient encore
possibles à Aix, ils le seraient par d'autres
causes. L'industrie pourra s'acclimater sur un
sol où elle ne fut jamais très-florissante ; elle
y a déjà fait, elle y fait chaque jour de notables
progrès, et ces progrès, en attestant de loua-
bles efforts, nous imposent autant de nouveaux

devoirs (1). En attendant la construction des futures usines et de nombreuses manufactures,
le luxe moderne consistera à élever des basti-
des ; et toute notre ambition, soutenue par un
pieux respect pour les monuments de notre
gloire parlementaire, se bornera à sauver de
leur ruine les anciens hôtels ! S'il fallait lutter
aujourd'hui contre un péril, ce serait plutôt
contre l'invasion de tout ce qui est médiocre
et petit.

S'il fallait aussi prémunir la ville d'Aix contre certaines tendances, ce seraient des défauts
absolument opposés à ceux d'autrefois qu'il
y aurait lieu de combattre chez elle. Froissée
en même temps qu'éprouvée par le malheur,
ayant à ses côtés l'exemple écrasant d'une prospérité matérielle toujours croissante, la vieille
et noble capitale perd confiance en ses desti-
nées ; elle se désespère et va jusqu'à médire
d'elle-même. Elle vivait avant 1789 par sa noblesse, son Parlement, ses justices subalternes,
son administration provinciale etc. Cela l'avait
beaucoup encouragée à prendre les grands airs
de ville maîtresse et souveraine, mais cela n'a-

(1) L'article *Aix* que nous avons publié dans la nouvelle édition du *Dictionnaire théorique et pratique du commerce et de la
navigation*, a été consacré par nous à offrir l'ensemble de ces
progrès trop peu connus.

vait pas contribué à donner à ses habitants un vigoureux esprit d'initiative, tel que nous l'entendons de nos jours.

Pourquoi donc énumérer et exagérer même à plaisir ce qu'elle a perdu, sans estimer ce qu'elle a acquis ? Elle n'est plus capitale ; mais elle est le chef-lieu d'un important ressort judiciaire. Elle n'a plus son antique Université ; mais elle est le siége d'une centre académique, elle a ses Facultés, et notamment celle de droit avec laquelle l'Université d'autrefois ne saurait être comparée (1).

Voilà ses trésors actuels ; voilà les témoignages subsistants de sa vraie grandeur ; voilà ce qu'il serait injuste de méconnaître, et ce que nous serions coupables, en l'appréciant à sa valeur, de ne pas nous efforcer de maintenir.

Les villes ont comme les individus leur caractère marqué, leur vocation. Aix, si l'on oublie certaines fautes nées des circonstances, nous paraît avoir eu toujours la vocation d'être une ville sage, judicieuse, lettrée, sanctuaire recueilli d'une justice pure et asile propice aux bonnes études. Mission auguste que celle de

____

(1) L'importance acquise par la Faculté de droit d'Aix depuis 10 ans, permet de la classer la troisième parmi les neuf Facultés de droit, immédiatement après celles de Paris et de Toulouse.

personnifier en quelque sorte les intérêts de la justice et le culte des lettres ! Elle s'allie très-bien avec le calme d'une existence peu troublée par les âpres convoitises de la matière. — On a assimilé l'heureuse tranquillité dont nous jouissons à celle de la vie des champs. L'assimilation ne nous déplaît pas. Les Anglais, qui s'entendent à mener convenablement leurs affaires, n'ont pas pour rien éloigné de la capitale et des grandes villes les grands centres d'éducation. Ils n'ont pas pour rien compté sur l'influence qu'exerce chez eux la campagne. Cambridge, Oxford, ont gardé leur antique suprématie scolaire. C'est là, au milieu des monuments d'autres siècles, dans un rude et solitaire noviciat, que s'élèvent et se renouvellent les fortes générations de savants, de jurisconsultes et d'hommes publics. Ainsi, selon l'expression de M. le comte de Montalembert (1), l'avenir de l'Angleterre se retrempe dans les eaux du passé.

La justice avait fait d'Aix son temple ; conservons le lui, dressons lui chacun un piédestal dans nos cœurs. Nos pères aimaient les lettres, les arts, les beaux et bons livres ; nous avons une inappréciable bibliothèque , un musée

____

(1) *L'Avenir politique de l'Angleterre.*

naguère enrichi par le don d'un magistrat patriote, qui nous permettent ou nous permettront de les aimer à notre tour fructueusement. Unissons aussi parmi nous les progrès matériels aux progrès intellectuels. Plein de la calme et persévérante énergie que donne la conscience de notre noblesse, sachons féconder entre nos mains l'héritage des siècles.

Avant tout, ne soyons pas de l'école larmoyante ; et, parce que nous sommes déchus, ne nous déclarons pas vaincus.

APPENDICE

Nous réunissons sous ce titre des citations trop étendues pour trouver place dans notre esquisse. Nous choisissons entre toutes les pièces justificatives (et elles pourraient être très-nombreuses) celles qui offrent quelques traits nouveaux et sont de nature à confirmer nos appréciations sur les anciens agrandissements et embellissements d'Aix. Les moindres détails, mieux que d'importants faits d'histoire, servent parfois à caractériser l'état des mœurs. Les annalistes locaux qui nous les ont transmis manquent souvent de critique ; leurs dissertations commençant au déluge n'ont pas de fin, leur style étranger aux premières lois de la grammaire choque la susceptibilité de notre goût. Mais aussi, ils ignorent ce que c'est que pallier sa pensée en bien ou en mal. Sur ce qu'ils ont vu et su avec déplaisir, ils sont sans pitié, leur franchise va jusqu'aux extrêmes ; et, sous ce rapport, comme pour l'exactitude des faits dont ils ont été témoins, il est permis de les croire, lorsqu'ils traduisent librement leurs impressions.

Nous avons, dans cette étude d'histoire municipale, mis en scène surtout les hommes de palais, les jurisconsultes. Nous venons de juger avec eux l'esprit de luxe qui s'empara de notre pays, au milieu du xviie siècle ; l'imprévoyante, la stérile et ruineuse ambition de paraître à laquelle beaucoup trop de familles sacrifièrent leur patrimoine ; enfin la tendance générale à multiplier les dépenses improductives dont le résultat fut de détruire toute initiative pour les seuls véritables progrès.

Il faut maintenant entendre un autre témoin, indiquer l'opinion d'un contemporain digne qu'on ajoute foi à sa parole, car il a vu de près les hommes et les choses. Ce témoin est Pierre-Joseph de Haitze (1), le consciencieux historien d'Aix, qui s'identifia à une ville où il n'était pas né au point d'en faire sa patrie d'adoption, et dépensa son existence à lui élever un monument d'érudition colossale.

De Haitze condamne, dans un style qui lui est propre, le luxe des derniers agrandissements d'Aix. Son récit mentionne des détails

____

(1) Il était né à Cavaillon, dans le Comtat Venaissin, le 10 novembre 1656. Son père, officier dans la compagnie des gardes du comte d'Alais, gouverneur de Provence, avait épousé Françoise de Gaufridi, et s'était fixé à Aix. P. J. de Haitze mourut à Trets, où il s'était retiré chez l'avocat général de Gaufridi, le 25 février 1736.

peu connus ; il devient très-piquant, lorsqu'on pense que les mêmes lieux ont été un théâtre offert à la spéculation en 1646 et en 1680.

Après les jurisconsultes et les archéologues, il sera curieux d'appeler en cause les médecins. Le point de droit, les questions d'économie communale, ont leur intérêt ; mais les principes de l'hygiène ont également le leur. Il manquait à notre aperçu sur les anciennes promenades d'Aix et sur les habitudes de nos pères l'avis d'un docteur, d'un de ces docteurs d'autrefois, aujourd'hui introuvables, dont le type s'en est allé avec les prodigieux remèdes qu'ils administraient à leurs robustes clients.

Or, nous avons le témoignage d'un de ces docteurs, qui, à tous ses mérites, joignit celui d'être un historien fécond sinon toujours exact. Le malicieux, le facétieux Pitton, traitant des *Eaux chaudes de la ville d'Aix*, ne se borne pas à les venger d'un oubli malheureusement traditionnel et d'une peu patriotique indifférence. Il se lance dans des digressions ; il est convaincu, sans doute par expérience, des bienfaits de la promenade et de la part qu'on doit lui donner dans l'hygiène. En bon chrétien qu'il est, il se montre aussi soucieux pour ses concitoyens de la santé de leur âme que de leur santé corporelle. On verra comment, dans une seule phrase, il apprécie les vanités du grand

Cours et en quel estime il avait le modeste Cours St-Louis. Son ouvrage fut publié en 1678, c'est-à-dire à la veille du procès Beaufort.

I.

Projets de construction hors de la porte St-Louis en 1646.

« Le public ne pensoit alors qu'à l'agrandissement de la ville qu'on projetoit depuis longtemps. Les crues d'oficiers qui s'estoient faites dans toutes les jurisdictions, les nouveaux tribunaux de justice qui s'estoient formez, le grand nombre d'oficiers de guerre et de gentilshommes qui estoient perpétuellement à la suite du comte d'Alais, prince magnifique en ses manières, avoient rendu la ville plus peuplée qu'elle ne l'estoit, et faisoient qu'on s'y trouvoit à l'étroit. Par dessus tout cela, le luxe pour le logement, qui de la cour s'estoit répandu dans les provinces, avoit donné du dégoût pour les vieilles demeures simples et proportionnées à l'état de chacun et au seul necessère. En un mot, on ne vouloit plus se tenir à la maxime qui jusque là avoit esté observée et qu'on avoit regardée comme l'efet de la sagesse

des siècles passez, de n'avoir des maisons qu'autant qu'on en pouvoit remplir. On crut que,
pour estre logé, il falloit avoir tout à la fois
des bâtiments d'ostentation et de nécessité. Qui
auroit pu se persuader que la vanité dût estre
un jour logée comme les personnes ?

« Cela donc fit qu'on désira agrandir la ville,
non seulement pour se mettre à l'aise, mais plus
encore pour contenter le luxe et la vanité qui
dominoient, en bâtissant de nouvelles maisons,
suivant ce goût et cet esprit dont plusieurs se
sont trouvez incommodez. L'on examina tous
les dehors pour fixer l'endroit de ce nouvel
agrandissement. Les uns étoient d'avis de le
faire au levant d'esté de la ville, hors de la porte
St-Louis, en tirant vers les Recolets, sur le fondement de la situation éminente de ce lieu et
par conséquent plus saine, l'air y estant plutôt
purifié que dans les lieux bas. Les autres sou-
tenoient qu'il n'y avoit pas d'endroit plus propre que le dehors de la porte Saint-Jean, en
enfermant sa bourgade avec le jardin et la prairie
de l'Archevêché qui lui estoient au couchant.
On alléguoit pour cela que ce quartier estoit
plus uni que l'autre, plus exposé au midi pour
rendre les maisons saines et commodes en tout
temps, outre l'avantage d'y pouvoir faire des
alignements de rues plus étendues ; que l'abord
de Marseille, de Toulon, de toute la côte et

même de l'Italie, demandoit qu'on s'élargit plutôt de ce côté là que d'un autre, parce qu'en faisant un nouveau corps d'habitation le premier coup d'œil devenoit le plus beau, et par conséquent le plus avantageux pour la ville ; que cet endroit seroit plutôt peuplé en accommodant les maisons du faubourg St-Jean ; que la nouvelle enceinte seroit de ce côté la moins dispendieuse à la ville, en la faisant supporter à l'Ordre de St-Jean de Jérusalem et à l'archevêque, attendu les avantages considérables qui leur revenoient de cet agrandissement.

« Mais lorsqu'on venoit à considérer la bassure de cet endroit et qu'il estoit l'égoût de presque toutes les eaux sales de la ville, d'où les lieux souterrains des maisons seroient perpétuellement incommodez, la pluspart des gens estoient d'avis que le dehors de St-Louis étoit préférable à celui de St-Jean. Le comte d'Alais s'estoit aussi rangé de cette opinion. Plusieurs même, croïant que l'agrandissement se fairoit indubitablement de ce côté là, y prirent à bonne heure des places pour y bâtir.

« Il est merveilleux de reflechir qu'alors nul ne jeta les yeux sur le faubourg des Cordoliers et sur le quartier des Minimes, où une partie de la ville avoit été autrefois construite. Les qualités de *bon air* que les anciens documents lui donnent, méritoient bien pour le moins qu'on le mit en parallèle et en balance avec les deux autres.

« Cependant l'archevêque, à qui on avoit fait comprendre dès son arrivée en cette ville le notable intérêt qu'il avoit de faire prendre le terrein des deux possessions que sa manse avoit joignant le faubourg St-Jean, pour les faire convertir en places de maisons, se joignit à ceux qui estoient pour la préférence de faire l'agrandissement au midi de la ville plutôt qu'au levant d'esté, et fortifia beaucoup ce parti. Ceux-ci pour vaincre l'objection de la bassure du terrein. qu'on faisoit contre leur opinion, remontroient qu'ils seroit aisé de le relever bien vite par les décombres continuels des réparations et des réédifications des maisons de la vieille ville, et par les terres qu'on tireroit des fondements de la nouvelle habitation ; que par ce rehaussement on réduiroit facilement les eaux des égoûts et des arrosages dans des canaux souterrains, en manière que le nouveau quartier de la ville n'en seroit pas incommodé. Mais l'archevêque, allant à son but par des voies plus expéditives et plus certaines, s'adressa au Roi pour faire cette détermination de terreins suivant ses vues ; et il agit si puissamment par le crédit qu'il avoit auprès de lui, qu'il en vint à bout en faisant ordonner par cette suprême autorité que l'agrandissement se fairoit suivant le projet que le prélat en avoit fait. Il fit principalement causer la détermination du Roi, sur la considération du besoin qu'il y avoit de renfermer dans la ville le monastère des Carmélites, et de profiter de l'occasion qui se présentoit de décorer la ville par les magnifiques édifices de la prieurie de St-Jean qu'on y incorporoit. Cela fut ainsi fait par lettres patentes du mois de janvier, qui furent ensuite vérifiées par les Cours de Parlement et des Comptes et par le Bureau des Trésoriers généraux. »

(Extrait de l'*Histoire manuscrite d'Aix* de P. J. de Haitze, livre XVII, chap. XVIII).

II.

Les promenades d'Aix jugées par Pitton.

Pitton discute ou plutôt affirme la mauvaise influence du serein, dans les parties de la ville où, s'il fallait l'en croire, s'accumulent les miasmes les plus pernicieux à la santé. Entre toutes, il signale le quartier d'Orbitelle. « Le serein qui tombe dans ce quartier est le pire, dit-il, parce que c'est l'endroit le plus bas et le moins exposé au vent de bise..... » Nous ne pensons pas qu'il soit utile d'examiner les autres arguments (1) que le médecin historien fournit à l'appui de sa thèse. Nous aimons mieux citer ses paternelles recommandations :

« *Il faut éviter les promenades du Cours ; l'âme et le corps y sont en danger.* En tout cas, on doit préférer le Cours de la porte St-Louis à celui d'Orbitelle ; la promenade d'*Encaignano* et celle de Bellegarde aux autres. Mais, la meilleure, la plus saine et la plus divertissante est celle qu'on peut faire avec quelques amis en sortant par la porte Notre-Dame, pour monter dans le chemin qui tire droit à St-Eutrope, en dessus de l'aire du chapitre St-Sauveur.

« L'air y est pur, la vüe y est divertie par l'aspect de la ville, du Cours St-Louys et par la vaste étendue du couchant. Si ceux qui ont soin de la chose publique nous vouloient faire réparer le chemin de *Loubassano* (2), je ne pense pas qu'il y eût une meilleure promenade

(1) Un des motifs fournis par Pitton ne peut être indiqué qu'en note et fera connaître un singulier détail de mœurs : — « Les aiséments qu'on bâtit sur le toit des maisons, dit-il, contribuent beaucoup à la malignité du serein, par la corruption dont ils infectent l'air voisin et par les vapeurs souffrées et nitreuses que ces excréments exhalent. »

(2) Ce chemin dont nul, si ce n'est les propriétaires du lieu, ne soupçonnerait aujourd'hui l'existence, s'ouvre à une certaine distance d'Aix sur l'ancien chemin des Alpes ; il dessert un vallon où l'air est d'une grande salubrité.

autour de la ville d'Aix. Sans doute que quel-
qu'un pourra me dire que ce seroit une grande
gehenne que d'observer toutes ces règles ; et je
pourray toujours luy répondre que la santé
mérite bien qu'on souffre quelque chose pour
la conserver, puisqu'elle est un bien sans lequel
tous les autres biens sont mal-agréables. »

(Extrait du livre intitulé : *Les Eaux chaudes
de la ville d'Aix*, etc..., par J. S. Pitton, docteur médecin ; à Aix, chez Charles David, 1678,
in-8°, p. 146.)

FIN.